舵手证券图书
www.zqbooks.com

知澄领航财富人生

舵手俱乐部 www.duoshou108.com

隐藏的心理学

表昌园／著　　千太阳／译

山西人民出版社

风靡韩国商界的"犯罪心理学"
——把"犯罪现场"搬到"商场"

> 犯罪心理分析师,常常会通过读出犯人内心的想法,来找到侦破案件的突破口。而这些分析方法,刚好也是商业人士应该具备的谈判技巧。如今的商界,也是得人心者得天下。所以在激烈的心理战场上,为了取胜,必须要具备发现对方内心真实想法的能力。掌握通过现象看出本质的窍门,会让你在任何场合都能抓住事物的主导权。

案发现场几乎很难找出证据和线索,犯罪心理分析师却能以周密的分析能力和高超的心理战略,与犯人进行交涉。韩国国内最著名的犯罪心理分析师表昌园教授,通过这本书介绍了他本人通过多年实践、总结的心理分析经验,让读者学会看透人心的方法。犯罪心理学中的说服协商的方法、判断能力以及压倒对方的谈判技术,不仅适用于主导权决定成败的商务场合,对喜欢心理学的读者,也有不少的帮助。

——韩国CJ集团 宣传部经理 申东辉

从商的人为了达到自己的目的勾心斗角。在这激烈的心理战上,为了取得胜利,需要很快地进入角色,并用最短的时间内去掌握对方的一切。本书根据表昌园教授的实战经验,介绍了如何具备冷静的思维能力,洞察力以及所需的心理战术。还提到相互竞争的同时,也不忘给予对方关怀和理解,并且通过"共鸣协商"的方法来达到目的。《隐藏的心理学》为需要面对心理战的商业人士提供了非常具体而实用的谈判技巧。

——韩国三星Techwin公司执行董事 都仁禄

风靡韩国商界的"犯罪心理学"
——把"犯罪现场"搬到"商场"

不要在我面前演戏，
我知道你内心的底牌

图书在版编目（CIP）数据

隐藏的心理学／（韩）表昌园著；千太阳译．——太原：山西人民出版社，2011.12
　ISBN 978-7-203-07545-5

　Ⅰ．①隐… Ⅱ．①表… ②千… Ⅲ．①商务谈判—商业心理学—通俗读物 Ⅳ．①F713.55-49

中国版本图书馆CIP数据核字（2011）第269956号
著作权合同登记号　图字：04-2011-042

숨겨진 심리학
Copyright © 2011, Pyo Changwon
Simplified Chinese translation edition © 2012, Beijing Wenyuan Cultrual Development Company
ALL RIGHTS RESERVED.
Chinese simplified language translation rights arranged with Tornado Book Co., Ltd.
　through Imprima Korea Agency and Qiantaiyang Cultural Development (Beijing) Co.,Ltd.

隐藏的心理学

著　者：	（韩）表昌园
译　者：	千太阳
责任编辑：	梁晋华
装帧设计：	蒋宏工作室

出 版 者：	山西出版传媒集团　山西人民出版社
地　　址：	太原市建设南路21号
邮　　编：	030012
发行营销：	0351-4922220　4955996　4956039
	0351-4922127　（传真）　4956038（邮购）
E-mail：	sxskcb@163.com　发行部
	sxskcb@126.com　总编室
网　　址：	www.sxskcb.com

经 销 者：	山西出版传媒集团　山西人民出版社
承 印 者：	三河市航远印刷有限公司

开　　本：	710mm×1000mm　1/16
印　　张：	15.25
版　　次：	2012年4月第1版
印　　次：	2012年4月第1次印刷
书　　号：	ISBN 978-7-203-07545-5
定　　价：	33.60

如果印装质量问题请与本社联系调换

目 录

引言 想赢就要成为商务分析师！ / 1

第一章 闻一知十

01 胜负由情报决定 / 7
02 分析过程的重要性 / 15
03 对习惯进行分析 / 24
04 学会怀疑已知情报 / 33
05 为恶魔辩护 / 38
06 学会利用空间和环境的力量 / 45
07 为对方制造弱点 / 54
08 通过心理战术鉴别情报 / 61

第二章 揭开对方的底牌

01 通过肢体语言把握事实 / 71
02 最先掌握眼神 / 80
03 让身体说出一切 / 86

04　身体不会撒谎　／　92
05　观察是最好的测谎仪器　／　97
06　从容对待对方的谎言　／　105

第三章　让对方说出实话

01　让对方供出所有　／　113
02　变形提问法　／　119
03　用和睦关系打开对方的心　／　126
04　从协商营救人质上得到的说服技巧　／　131
05　先解决感情问题，再说服对方　／　138
06　击垮对方的最佳替代方案（BATNA）　／　147
07　分析技巧即是对话的技巧　／　151
08　利用视觉刺激对方　／　156
09　好警察、坏警察战略　／　160
10　形成共鸣的技巧　／　164
11　十大积极倾听阶段　／　168

第四章　掌握心理主导权

01　被强势的对手所吸引的心理　／　175
02　正确瞄准搜查对象　／　181
03　领受现场经验知识　／　186

目录

04 我们周围的病态心理者 / 191
05 通过不断的自我攻击，提高逻辑能力 / 199
06 通过反馈主导沟通 / 202
07 抓住解决矛盾转折点 / 206
08 不要过分强调胜负 / 210
09 通过情报员找出突破口 / 214
10 说服人之前先说服时间 / 221
11 承认失败，领悟教训 / 224
12 最好协商技巧是不去协商 / 229

引言
想赢就要成为商务分析师！

犯罪心理分析师这个职业，之所以变得广为人知，正是通过电影《沉默的羔羊》。电影中的FBI(美国联邦调查局)见习特工克拉丽斯，与连环命案杀人犯汉尼拔博士，进行了激烈的心理游戏，观众也由此看到了犯罪心理分析师分析并最后抓获嫌疑犯的过程。最近十年，韩国也连续发生了令人毛骨悚然的连环杀人案。在解决命案的过程中，人们真正见识到了犯罪心理分析家在这些案件审理过程中发挥的重要作用。

这些分析家的作用，不分案件大小，都能发挥出来决定性的作用。假设在案发现场捡到了一个写有"××练歌厅"的打火机，但是无法确定这一物品是不是犯人留下的。这时，虽然把打火机作为重要线索带回去，但对此事需要严加保密。等在嫌疑犯陈述过程中，把握到与此正好相关的情况，就立刻借机发挥。

"就我一个人在练歌厅唱歌。"

"在哪儿？××练歌厅吗？"

说到这句嫌疑犯肯定会吓一大跳。

"不，你怎么知道的？"

"别以为我们不知道。其实我们早知道了。就是给你机会自己说出口。所以最好老实交代，别拖时间。这样对你有好处。"

以这种方式进行对话，嫌疑犯会明白自己根本不是对手，所以只能坦白交代。另外，犯人一旦想到对方了如指掌，却给自己机会说出来，哪怕出于感激之情，也会好好配合。

反过来，如果从一开始拿出打火机威胁嫌疑犯，难以想象对方会做出什么反应。这样一来就很难得到真实的口供。

"这打火机是你的吧？"

"不是啊。"

"这就是你的！"

"凭什么说是我的啊？有证据吗？"

如果嫌疑犯以这种态度出来，不但会拖拉时间，而且很难找出证词。打火机这一证据就失去了其原有的利用价值了。犯罪心理分析家，正是可以找出这些证据的人。

由于这种非凡的能力，他们通常被人们加上麻烦终结者的头衔。但是，他们通常把自己描述成一个，可以"看穿人心的谈判大师"。犯罪案件的嫌疑犯，他们中的大多数，都不信任社会和其他人。所以不愿意吐露自己的心思。心理分析师则针对犯罪嫌疑人的这种心理特性，运用心理战术，从他们口中得到线索。一般说到分析师，都会想起冷静坚忍的形象。这也是他们谈判技巧的一部分。他们用这种心理战术，来打消犯罪嫌疑人编造假供的念头。之后，通过科学证据和逻辑推理，让嫌疑犯吐露实情。犯罪心理分析师，具备战略性的直观能力和科学洞察力，是站在谈判最前线的心理专家。

写本书的最大契机，就是在接触各行业商务人士的过程中，发现了犯罪心理学，不仅仅适用于犯罪上。在作者做的"犯罪学讲座"、"创意研讨会"等教育课程，以及各企业团体的演讲中，都涉及了有关犯罪心理学的内容。听讲座的人来自各行各业。除了商业人士以外，甚至还有电影导演，编剧、制片人、大学生、家庭主妇、教师等。他们渴望了解这方面的内容。不仅仅是为了积累有关的知识，而是尝试着把犯罪心理学理论，应用到自己所从事的行业，甚至从中得到启发，创造出新的想法。

在这些人当中，特别是很多商务人士，对心理分析能力以及与人沟通的技巧方式等问题，表示出极大的关心。由此，作者也开始研究如何把心理学应用到商务领域。在研究的过程中，发现商业人士在进行谈判磋商时扮演的角色其实和犯罪心理分析师拷问嫌疑犯时的角色是一脉相通的。希望本书能帮助他们掌握对话主动权，走上成功商务谈判专家之路。

通过本书，作者想给更多的人讲述，长期以来他本人作为犯罪心理分析家的经验之谈。与此同时，作者也期待自己能够对读者们的问题给予反馈。希望读者朋友们能够通过此书，发现说服和协商的能力，在生活中发挥的作用。并且能感受到，通过心理战术化敌为友时的喜悦。

最后，向我的妻子和两个孩子表示衷心的感谢。为了照顾和陪伴特立独行的我，他们一直不辞辛苦地陪在我身边，心甘情愿地当我的实验对象。感谢上天让你们成为我永远的后盾，我生活中的好伙伴。

CHAPTER ONE

第一章
闻一知十

CHAPTER
ONE

CHAPTER 1
第一章 闻一知十

01 胜负由情报决定

现在的移动电话都有来电显示功能，但在过去，移动电话还没有被广泛使用的时候，在接起电话时，你无法判断出对方是谁。然而，有一件不为人知的事情，那就是当时的通讯公司出于试用，为包括研究人员在内的极少数人，提供来电显示服务。其中包括著名报社的记者。

当时，他作为健康福利部记者，写了一篇措辞严厉的报道，批判那些因为医药分成而集体罢工的医生。可是，在这篇报道登出去之后，他的手机突然响了。接通之后，听见电话那边有一位男同志又骂又喊，说完就挂了。于是，记者就打到电话上显示的号码。这次电话那头传来一个男子柔和的声音。让人简直无法相信，他们居然是同一个人。

记者对着电话说："您好。我是刚才跟您通话的记者。刚才是您在电话中威胁我吧？如果可以的话，我想见您一面。想听听您的真心话。"

对方顿时紧张起来，磕磕巴巴地说："你怎么会知道我的电话号码？"

记者说："关于你的名字，工作地点，具体开哪家医院我都了如指掌能。"这当然不是事实。就是因为那个人的态度实在太可气了，所以记者报复性地吓唬他而已。最后，那个人在无奈之下，只好向记者道歉。

之所以那个人会向记者道歉，就是因为记者掌握了他的信息。因为，对方掌握了自己的电话号码，所以担心自己的其他信息也有可能暴露了。可见，一个小小的信息所发挥出来的杠杆效应，可以产生多么大的影响。

如同上述，当你感受到自己被暴露出来时，会做出什么样的反应呢？你必然会变得手足无措。并且，不幸的是，人们还会不断地提供自己的信息。人们的言行举止已经吐露了情报。之所以有些人能读懂对方的心，或预知对方的行为，就是因为他们不会轻易漏掉这种情报。这种能力非常值得我们去学习，并且将其灵活运用到工作生活中。与人接触之前，如果了解到对方的企图，这与对其一无所知相比，就如同2.0视力者与盲人的视力之差。我们一定要努力了解更多的信息，不能成为商

CHAPTER 1
第一章 闻一知十

业活动中的睁眼瞎。说服和沟通时代的生存之法,就是在对方掌握自己情报之前,率先捕捉到对方的情报。

掌握情报有助于识破对方心理,以及用不同的方式去建立关系。但是有一个必要条件。那就是要确保情报的可靠性。

如今,已不再是过去的洪水式信息时代,而是矛盾信息时代。上网一点击,就能看到一条信息之下带出的无数条信息。但唯有确切的信息,才能帮助我们更深层、更准确地了解对方。古语有云"闻一知十"。要想做到闻一知十,必须以掌握到一个准确的信息为前提。否则所掌握的情报,反倒会恶化所建立的关系。

找出证据物的新鲜度

在发生命案后,我们第一时间赶去的地方就是案发现场。因为那里隐藏有大量的情报信息,也是能够为我们提供最多犯罪线索的地方。案子的原因和犯人最后留下的情报,都可以在案发现场找到蛛丝马迹。但是,过了一段时间,现场肯定会被毁损。如果现场是在户外的情况,很容易受刮风下雨的影响。如果现场在人流量比较大的地方,很难保证现场不被任何人入侵。这时最重要的,就是搜集到完好无损的证据物。

在案发现场搜集证据需要非常细心和周密。受害者一方常常会担心，会不会错过重要的证据。但实际上，太细心也是一个问题。

假设在某家酒楼里发现了尸体。那里的酒瓶、被子、烟头、头发丝、纸碎片等，只要是在现场的东西，几乎都会成为搜集的对象。因为不一定从哪件证物上检测出来的DNA，就会为我们提供关键性线索，所以尽量搜集更多的证据物品，将其送到韩国国立科学所调查研究所。

当然，搜集证据物品有它自己的原则，以及捕捉证据的基准和技术。但是，现场搜集人员会尽可能加宽搜集标准。相反，在实验室分析人员，则希望现场搜查人员只带来必要的证据物品。如果现场搜集人员能直接分析证据物，就会有鉴别性地去搜集资料。但事实上，目前还达不到这种程度，所以只能加宽搜集证据物的基准，以免有遗漏。

但犯罪分析就不一样。除犯罪现场、受害者的特性、犯罪手法和侵入以及撤离路线等符合客观事实的情报以外，其他的因素反倒会成为障碍因素。因为检查官的推断或受害者周边人的口供等，反倒会形成先入为主的因素和不必要的预断，对冷静的分析过程造成影响。也就是说，在犯罪分析的过程中，并不推荐"多多益善"，而是"确保找出完好无损的证据物

CHAPTER 1
第一章 闻一知十

品"。只有这样才能最大限度地减少分析过程中的误差。

犯罪心理分析家,对嫌疑犯进行的面谈调查也是如此。在与嫌疑人面谈之前,接收太多的情报,反而会产生先入为主的观念,有可能妨碍面谈的客观性。因此,在进面谈室之前,要像进行分析时一样,以不掺杂他人意见和情报为原则。面谈时需要覆盖的事项有:案发时间,受害者状态,受害者或目击证人所陈述的犯人的相貌和特征,受害者的人际状况以及犯罪记录,家庭关系等。只有依靠着客观的资料和犯罪事实去进行面谈,才能避免先入为主的观念,并且从客观的角度去分析案例。

在商界也是如此,谁先掌握到正确的情报才是关键。现代产业构造的胜负,取决于谁预先掌握了可靠的信息。有效的情报有助于在人际关系中占有优势。不管是在和客户进行谈判、说服苛刻的顾客,还是在会议中说服上司等心理战场中,为了达成对自己有利的协议,把已掌握的信息,处理成为有价值信息的过程都显得非常重要。说服的成败不是在谈判桌上,而是由事先的准备过程所决定。记住,对方不是在无防备状态下,前来面谈的。

本杰明·富兰克林曾说:"没能实现计划等同于计划失败。"这对商务人士是一句很重要的格言。只有事先预料到所有可能发生的情形，才能减少失败的机率。谨记提前做好充分的准备，才能达到自己预想的效果。为了掌握决定性的情报，一定要行动比对方更快。

利用可趁之机，把握信息

在犯罪现场上搜集证物的时候，需要判断证物价值的基准和技巧。同样，准备资料的时候，也需要掌握对方准确信息。如果一味地强调资料的量或无关的信息情报，就容易错过说服对方的关键性机会。要考虑到对方的目的，对其政策方向造成影响的因素，对方的弱点和底线，时间，谈判失败或其结果不令人满意时，需要的对策等。只有这样了解到这些信息，才能事先有针对性地准备。

同时，要致力于不露出自己真正的关注焦点、最后时效、优缺点和弱点等。自己预想得到的情报，很可能成为对方的有利情报。一旦泄露了情报，对话的主动权就转为对方所有。因此，掌握情报和情报保密同样重要。

接下来，需要把已掌握的情报向有关部门上报，并且对关联情报进行聚合和调整。由于掌握情报需要时间和经费，坚持各部门之间的互助体制，是提高效率的捷径。

CHAPTER 1
第一章 闻一知十

在调查案件的过程中，互助调查可以减少所需的时间，提高陈述的准确度。最近，连情报局也不太重视情报的重要性，反而重视经验知识。更何况是在企业。掌握情报才是硬道理，是仅次于资本的有效价值。这就需要强化内部的信息共享。

搜集有关对方的信息时，需要最先调查的，就是与对方最为亲近的人。得到最有用的情报的渠道，包括当事人的工作伙伴，案发前与对方交流过的人，对方的客户等。如果很难通过这些人获取信息，也可以通过比较可信的第三者。

进行详细调查的时候，尽可能地多见被害者或与被害者相关的人，只有这样才能获取目击方向或位置、利害关系等方面的有效情报。根据这种多方面的情报，再进行适当的筛选，就能慢慢排查出真相。

搜集情报的态度也很重要。为了把握有利的情报，需要一定的战略。那就是在打探对方的过程中，比起表现得老练更有利的，就是装作找不到头绪，摆出一脸困惑的样子。因为强势的态度会让对方感到紧张不安，这样一来就很难获取信息。反而，若有缺口的表现能使对方松懈，给自己创造可趁之机。此外，通过向对方提出自己已知的问题，提高信赖度，扩充信息。

调查询问时，检查官也不会摆出富有威慑性的态度。因为这种态度很容易激起对方的不安感和戒备心，以至于不愿意进行配合。例如，去某命案现场调查的时候，通过日常化的对话尽可能用温柔的方式接近对方。"唉，现在一点头绪都没有。一看就知道您对这附近了如指掌。"只有让对方主动开口说出有关信息，才能获取有用的情报。

CHAPTER 1
第一章 闻一知十

02 分析过程的重要性

案件调查过程中，很难碰到在现场发现明显物证的完美情况。这种情况下，一般会调查审问以下人群：目击证人或与案件前后有关联的人，了解嫌疑人基本信息的人，能证明嫌疑人不在犯罪现场的人，近期与嫌疑人来往的人等。在现场搜集情报，是犯罪调查中的基本程序，同时也存在很多难题和陷阱。

在不了解情报提供方与案件有何关联的情况下，进行录口供很容易被误导。不管对方蓄意与否，很可能因为对方提供的线索，造成思维上的混乱。

由此，在搜集情报的时候，一定要与客观事实或已定事实进行比较。应该对其提供的情报持有一定的怀疑，不要盲目地相信或带有给人主观臆断，否则就很容易被绕进去。在接收对方信息的同时，也要经过与客观事实进行比较的验证过程，来提高陈述的可信度。这种过程是必需的，能体现找出确凿证据的技术。此外，把多方位的供词整合起来，进行综合比较，只有这样，这些信息才能发挥其真正的作用。

十年前发生了两名男童失踪案。最后，在附近的荒山野岭中，找到了这两名男生的尸体。案件就是因为目击者的虚假陈述，而被误导的典型的事例。

当时，在调查过程中，目击证人陈述说，亲眼看到了两名男子和一名女子用车带走两小男孩。这位目击证人的陈述可谓栩栩如生，非常具体。在案件毫无进展的情况下，调查小组决定按照目击证人的陈述，扩大了搜查范围。但是，案件却陷入迷魂阵。不久，在临近山上发现了被害者尸体。就此证明目击证人提供的情报是假的。在毫无验证的情况下，单纯接受错误情报的结果，就是把精力浪费在不当的地方，错过了破案的时机。

虽然目击证人一直坚持自己的陈述是正确的，但对陈述的内容、时间、具体性等进行了验证之后，发现了不少漏洞。如果当时对陈述进行同样的验证，就不会被误导，更不会浪费人力物资，进而可以防止悲剧的发生。

CHAPTER 1
第一章 闻一知十

假情报导致错误行为

虽然以常识性的角度很难理解,但在案件调查过程中,很容易接收到很多的虚伪情报。即便提供虚伪情报,不会给一个人带来任何利益,也经常会发生这种情况。问题在于大部分提供虚伪情报的人,都以为自己看到的是事实。当然,他们有可能目击到类似的场景或是出现错觉。

以两名男童失踪案为例子。目击证人看到的有可能不是案发当时的情景,而是几天前的事情。即便目击到了案发当日的事情,也有可能看到的是类似的人。或者是出于对被害者的同情心,想提供微不足道的力量,又或者是出于邻近居民的责任或身为他人父母,一时激动导致言辞夸张。可有些人就是不愿意承认这种事实,反倒觉得自己被冤枉而感到失望伤心。但是,不管出于什么样的心理,这种假证词都会干扰搜查人员的思维和判断,阻碍案件进展,招来负面的结果。

更严重的是蓄意的假证词。相关例子有很多,于2000年5月发生的四岁女童失踪案。即便通过媒体报道进行了大面积的搜查,也没有任何进展。就在这时,警方接到了一个目击证人的举报,说在江原道的原州,看到了一个失踪的儿童。于是,警察立即出动去原州进行调查。

但在不久之后，得到证实，才知道这是假证词。在毫无验证过程的情况下，很容易被目击证人的单方面证词牵着鼻子走。更荒唐的是举报者的诡辩。对自己的谎言，举报者表示自己是出于一番好意，并且还说自己是因为担心失踪孩子的父母着急，才向警察举报的，希望可以推进调查的速度。

抱着这种不良心态举报的人，根本就想不到因为自己的误报，会使案件雪上加霜。但他们也不是精神不正常的人。大部分是因为认识不到自己在不经意之间开的玩笑，会导致多么大的社会损失以及危险。

打电话恐吓在机场或公共设施装置炸弹的人，也属于类似的情况。他们为自己的一句话居然令无数个人不安而感到爽快，或者认为借此机会做一下模拟训练也不赖。他们通过这种观念合理化自己的行为。

但是，错误的情报不管是出于善意还是恶意，都会扰乱破案的进展。因此，不能凭白无故地去相信所有的陈述词。一旦得到了有关情报，都要与客观资料进行比较，并要以不同立场、位置、方向角度去进行分析比较。这已经成为调查时的第一准则。

日常生活和业务环境下的情报也应如此。为了防止卷入对方的错误情报，即使对再小的情报信息，也要养成细心分析，加以确认的习惯。小小的失误会如同滚动的雪球，变得越滚越

CHAPTER 1
第一章 闻一知十

大，最终导致错误的行为，甚至是严重的后果。

应对虚假情报的态度

1988年在新加坡发生了一件，因为小小错误情报而导致严重后果的事件。当时，由于公交公司的罢工，公交车辆大大减少，导致了供不应求的现象。在上下班时间里，很多人因为等不到车发生骚动。恰好公交车站位于当地最大的银行门前。对这次事端的缘由不了解的人们，看到这么多的人聚集在银行门前，以为银行快要倒闭了。

这个错误的消息很快传开。不久，人们纷纷到银行取走账户里的钱。看到这么多的人拥到银行，更多的人确信这家银行将要倒闭，便赶来排队取钱。但银行方仍被蒙在鼓里。很快，这家银行因为巨额流失，真的面临了破产的局面。后来晓得事情缘何的银行，为了不破产只能关门不营业。通过现象推断出的错误的情报，把好好的银行逼近破产。

这个故事不得不使人们重新考虑接受情报的方式。人们往往不是根据确凿的情报才去采取行动，而是一厢情愿地将它想象成为是确切的情报，再根据这种看似正确的情报，做出行动。但是，大多数时候，这些都是故意泄露出来的错误情报。即便在多么棘手的情况下，也不能盲目相信。要时刻保持质疑的态度，进行分析及检讨。情报只有经过这种加工过程，才能成为攻击对方要害的利剑。

在激烈的情报夺取战上，如果不想在分析过程中失误，不管对蓄意情报还是非蓄意情报都要拿捏自如。尤其是在审问嫌疑人的过程中，犯人给出的虚假自白是一个很大的干扰项。能辨别这种干扰项，需要强大的洞察力，去找到犯人谎言中自相矛盾的地方。

几年前在江原道高城里，发生了一件抢劫案，三名二十岁出头的嫌疑人被抓获。其中一名还有智力障碍。警察在审问的过程中问道：

"听说你之前还杀过人？"

审问的时候，经常会使用类似这样的设问法。不是因为有确实的根据，而是为了引出对方如实自白。如果这时对方回答："你听谁说的？"警察就会有预感，肯定有什么内情。接着会说："跟你一起进来的哥们儿说的。"这就利用了这种方式，让对方处于进退两难的境地。

"不是，不是我杀的，是他杀的。"

可见对方已经成功地被诱导了。

CHAPTER 1
第一章 闻一知十

"是吗？那是在哪儿杀的？"

"就是在旁边的公寓。"

"是什么时候干的？"

"去年夏天。"

"详细的还能想起来吗？"

"从屋里拉到屋顶，推下去的。"

"那尸体呢？"

"埋在那边的山坡上了。"

"到那能找到吗？"

"当然！"

询问过程完全向意想不到的方向进展。但在这之前，警察从嫌疑人是智障者的这一点，判断出不能直接相信对方的陈述。紧接着审问另外一个嫌疑人。也就是那个哥们儿。

"什么？！绝对是胡说八道！"嫌疑人大跳起来说。

警察把其他嫌疑人的陈述告诉了他。果然，对方也表现出同样的反应。

"那不是我干的，是他干的。我只是帮他而已。真的。"

在确定两个嫌疑人的陈述以后，警察立即出动，到嫌疑人指出的地点。在那附近真的发现了被隐藏起来的尸体。警察判断这是一件杀人案之后，正式提出起诉他们。但是，与嫌疑犯的陈述相反，尸体上穿着的是登山服，并且已经骨化了。虽然与陈述多少有差距，但尸体确实在指定的地点附近找到。因此，决定起诉他们。

接着，在验尸的过程中出现了问题。从七层坠落的尸体不可能有这么完整的骨架。更是没有找到骨折的地方。加上，遇害时间是夏天，尸体上的衣服却是秋装。公寓记录上也没有客人失踪的记录。结果，他们在一审的时候被宣告有罪，等到二审的时候宣告无罪释放。这是嫌疑人在警察的笼络之下，反复进行陈述的结果。

过去，经常出现因为拷问或逼不得已而提出虚假证词的现象。但在没有严刑拷问的今天，依然存在做假供的现象。在美国明尼苏达州，近二十年来，因为杀人而被宣告有罪的二十二起案件中，有多起案件是因为假供而出现了误判，最后通过DNA检验才找出了真凶。这种结果表明，假供是赤裸裸的陷阱。

人们因为各种理由撒谎。在合乎情理的状况下，也会因为根本就不值得作伪的原因而撒谎，也可能会在受到环境氛围或当事人的心理不安等影响后，无意中说谎。并且，很多犯人为了避免更大的不利，或出于保护某人而撒谎。就像上面提到的事例一样，如果审问对象是处于情绪不稳定，或智力上有障碍的情况，以及未成熟的青少年，就更加需要特别留意。

在商务现场上，更是到处都有假情报。出于蓄意包庇和以讹传讹，以及毫无根据的谣言，各种造假情报围绕着人们。尤其是股市中，正是各式各样的谣言施展其威力的地方。在股价交易中，因为相信造假情报而造成损失的情况，并不罕见。随着IT行业的发展，通过网络通信、社会网络等，"信不信由你"式的情报，被包装成真实的公论。那些好事者又大面积地散布谣言。但谁都不愿为其造成的后果负责。

如同警察对所搜集的陈述或情报，反复进行验证过程一样，在利益争夺之战的商场上，同样要对已知的情报，进行层层的验证和确认，以免陷入对方的迷魂阵。

03 对习惯进行分析

犯罪者对犯罪对象、时间和道具等，有特殊的习惯。有的人带走被害者的物品，或只强调特定的对象、时间或道具。但如果无法分辨出到底是习惯还是偶然，再或者犯罪者的蓄意行为，即使找到了重要的线索，也不能派上用场。

假设一个小偷翻墙入侵。这究竟是犯人的习惯还是偶然起意呢？在犯罪者指定的家门都锁着的情况下，小偷别无选择，只能翻墙入侵。

按照一般情况，小偷有可能会撬锁入室，但也有可能当天确认周围有警报系统后，换了另一种犯罪手法。对一种犯罪行为有很多种解释。

尤其是连环杀手的犯罪手法，在无意识中会受到日常习惯的影响。因此，在连环案上，找出犯人的习惯极其重要。通常，通过追踪犯人习惯形成过程，来对其习惯进行分析。

在此之前，在一宗连环杀人案的每一个案发现场，都发现了同样的犯罪迹象。那就是把行凶对象绑架之后，都会系上特有的结。其打结的方法非常独特。调查结果发现，那种打结的方法是被船夫普遍使用的绳结。这种独特的打结方法，正是犯人在无意识中，给自己留下的一种"署名"，为警察找出犯人提供了重要的线索。当然，如果犯人对自己的习惯非常了解，那完全可以伪装。但是，这种表现方式往往是在无意识情况下发生的。在紧迫的状况下，更有可能在不知不觉中，按照习惯行动。相反，有的犯人并不了解自己的习惯。这时，在现场留下的证据，就成为了重要的分析对象。

然而，总会有例外存在。有些情况下，也有可能没有出现习惯性手法。即使犯人有带走案发现场的东西的习惯，也有可能因为在犯人准备离开之前，听到外面有人或电话声响，来不及按计划进行，就被迫离开了现场。在观察犯人习惯的时候，一定要考虑到这种例外情况，才能减少失误。

识破习惯，操纵对方

中国清朝时期，宫内太监多得数不胜数。其中，李莲英以他非凡的观察力得到了西太后的宠爱。他究竟是如何从无数个太监中脱颖而出，享受到这种特权的呢？那就是比任何人都了解西太后的习惯。

与其他太监相比，李莲英虽相貌平平，但观察力却非常出众。在仔细观察自己伺候的主子之后，他发现西太后对当时流行的发型情有独钟，并且一有时间就梳头，尝试新发型。但太后又担心掉头发。甚至传言为太后梳头的太监不小心梳掉一根头发，就会挨打。

得知消息后，李莲英觉得这是绝好的机会。于是，他偷偷溜出皇宫去了妓院。在妓院，跟着妓女学梳头的手艺。他还为此花一大笔银子，整整学了一个月。由于掌握了一套梳理新发型的技术，又托同乡太监沈兰玉介绍，进宫当了慈禧太后的梳头太监，并由此受到慈禧宠爱。他为太后梳了各种新式的发型，借此，得到了太后的欢心。不久之后，他成为西太后的宠儿。他能揣摩主子的脾气和爱好，在为太后梳头的时候，还给她讲笑话听，分散太后的注意力，把掉落的头发偷偷藏在自己的袖子里。过了一段时间，他成为了西太后身边的红人。

李莲英掌握了追求美丽的女人心思。通过观察西太后的习惯，读懂了太后对梳头很费心思。并且，通过这种小小观察，最后受宠于太后。通过观察对方的习惯，提高自己可信度，进而就能操纵对方。

MO分析法

犯罪行动样式Modus Oprendi＝MO是犯罪分析的重要要素。其中，有些情况是犯人有顽固的习惯，连犯人自己都很难改变，或有些情况是根据当时不同情况来决定的，所以进行分析的过程中，需要非常谨慎。假设看似出于同一个人的犯罪行为，分别发生在凌晨两点，五点，上午十点。这时候要找出每段时间之间的关系。有可能是那人整晚摸索现场，等着犯罪时机，也有可能那人所从事的职业，在上班时间上的变动较为频繁。如果总是使用钝器和锐器为凶器，要知道凶器是从现场临时索取的，还是另有其他原因。

可以说，对犯罪时间、地点、手段、被害者特性等要素提出类似的问题，并且根据不同情况来鉴别是非，才是犯罪分析的重要课题。在连环案件里，每次都有同样的犯罪行迹出现，所以重要的是找出这种行迹。但行动类型有可能每次都有变化。因此，关键就是读懂并解析现场出现的各个要素。

举一个简单的MO分析事例。不久前，警方因为仁川某大学发生的连环强奸案，给作者打来了咨询电话。由于当时正在外面参加其他活动的原因，只能通过电话听取相关的情报。仅仅凭借简单的叙述进行分析，可不是简单的工作。警察说已有三起案件被报案，加上没有前来报案的事件，实际发生的案件可能更多。犯罪时间主要是在夜晚。最近的遇害者是一名三十几岁女性，是住在大学附近的居民，平时为了方便起见，经常穿过学校。根据当时遇害者的陈述，是被拉到野山上施暴的。

通过短时间进行的分析，可以得出这样的结论，犯人绝对不是学生，年龄可能在三十岁以上。并且，学校以外的外部人士的可能性高。第二天，作者就接到了犯人已逮捕的消息。与分析结果一样，犯人是一名三十几岁有前科记录的人，平时频繁进出学校，进行抢劫等犯罪。这个案件的MO分析内容如下：

校内发生的强奸案，如果犯人是学生，遇害者也很可能是学生。而且犯罪地点选在空教室或位于偏僻的室内空间的机率较高。因为校内有那么多舒适的室内设施，不可能把犯罪地点选在不方便出行的荒郊野外。此外，如果是学生，一般会选与自己年龄相仿的人，作为施暴对象。由此，证明犯罪嫌疑人不可能是学生。

CHAPTER 1
第一章 闻一知十

犯罪调查一般以先跟进成规的十个MO，后分析其余的要素为原则。其中包括遇害者特征，犯罪事件和地点，凶器，入侵途径，语言（言辞，表现，声音）和字迹或象征，特有的特征，移动手段，犯罪手法等。每个要素都以"为什么"为基准，构成模型。这里包括偶然（机会），意图（需求），兴奋（激情），社会技术缺乏等。

犯罪在晚十点或十二点之间进行活动的情况下，如果把"偶然"的要素适用到其中，就说明在日常生活模式中，有机会在那段时间进行犯罪。但如果是由"意图"或"需求"决定的时间，就可以解释为，犯人有在那段时间内进行犯罪的理由。此外，也有多种解释。比如，犯人针对特定的对象，在最佳时间进行犯罪；夜晚可以使人"兴奋"，激起性格或心理上的激情或冲动等。

又或发现晚上在山路等人的行为推断出，如果深夜在山上等好几个小时，就是为了对过路人行凶，可以考虑"社会技术缺乏"要素。一般，正常人是不会在荒山野岭，为了不知道何时出现的犯罪对象而等那么长时间的。但是，那是因为针对特定对象，其犯罪动机即是"需求"。如果犯人是夜晚在那座山附近工作的人，那就可以解释为"偶然"和"机会"。

寻找习惯留下的痕迹

2006年,在韩国大田和忠南一带,十年来有近百名女性遭到强暴的强奸案,成为人们的一大话题。此案件中,从犯罪时间中找到了案发现场的地点。如果犯罪时间分散在深夜、凌晨、上午等不规则的时间段里,并且分别发生在不同的地点,犯人利用公共交通行凶的可能性较低。与公共交通设点较远的遇害地点更是证明了这一点。并且遇害者在陈述中也提到,没有见过任何车辆,犯人离开的时候也没有使用任何车辆。以此可以推断出,犯人极为不想暴露自己的移动手段。后来,得知真凶是出租车司机的事实,使MO疑问变得顺理成章。这就是MO分析法的意义。

在学校考试的时候,为了公正起见,遮盖试卷上的学生姓名之后,再进行判卷。但是,从一张试卷也能看出每个学生的个人习惯。平时的语言习惯、逻辑思维、独特的思维方式等暴露出个人习惯。除非是那些平时不愿意表现自己的学生,如果是平时在课堂上表现积极的学生,在试卷上没有署名也能看出试卷的主人。

在家,也可以对家人的习惯性行为进行分析。通过观察挂毛巾的方法,或脱鞋后摆成的模样,可以看出是谁进谁出。

甚至,在看停车的位置时,也可以猜出是谁把车开出去

CHAPTER 1
第一章　闻一知十

的。如果仔细观察车内留下的细微痕迹，就可以立刻猜到，是否有孩子坐在后座。通过习惯所留下的痕迹进行的分析，也可以叫做MO分析法。

在谈商务的时候，分别对不同领域设定MO，加上收集其相关数据。这样，不论任何情况和对象，都可以建立对自己有利的战略。商务领域的MO分析法大可分为两种情况。第一，是在发生事端的情况下，却难以确认造事者的时候。第二，虽然确认对象是谁，但需要了解对方下一步行动的情况。

例如，在股市上，如果人气股走势不稳，可以通过查看买入的时间和方法等，来判断作战势力的行踪，或是否受投资性投标公司的影响等。通过对方的买入时期，图表是以什么主题为中心构成，或订购和招标的动态关系等，可以对事情的走向进行推定。在这些基础之上，可以摸出背后的操纵势力，以及泄露的有关情报等，最终决定是否要参与，或具体实施怎样的战略等。

不管是犯罪调查还是在商务上，为了有效利用MO分析法，数据管理很重要。如果按照MO要素对以往事例进行分析，再对其进行数据处理，MO要素显而易见。所以，不难把握特定领域、特定对象的动态趋向。如果知道对方是谁，可以用对方的MO要素进行分析，再把对方的战略、羊群行为、具体步骤等进行预测。即使有的部分很难进行预测，也可以在一定范围内建立对策，因此，风险较低。

除对方的习惯以外，利用习惯性的想法，也是一个缩短距离的好方法。通常，人们一旦接受邀请，就很容易接受接下来的邀请。这是一种心理习惯。因此，在进行谈判的时候，优先安排对方能够接受的邀请项，之后，再按照不同阶段，渐进式地提出邀请。这种方法极其有效。

04 学会怀疑已知情报

亚利桑那州立大学心理学教授，罗伯特·西奥迪尼博士的著作《说服力》，其原文书名为Influence。事实上，这本书真正想介绍的不是极具说服力的心理秘籍，而是为了告诉人们有多容易被别人说服利用，并且教大家如何对此进行自我防御。

他认为，大部分人不会对他人的话表示质疑，并且常常为了表现自己的真诚，而上当受骗。就像巴甫洛夫条件反射实验中的狗一样，不怀疑已知情报，而只是对其结果急于做出反应。因此，在能够影响说服对方之前，先防御好自己，避免成为对方的"实验狗"。即，谨记所有的情报不一定都正确。时刻要持有对已知情报和条件怀疑的态度，学会从不同视角去看待问题。盲信虽能挖出真理之道，但不能加宽对真理的认识。

不要被他人的理由所说服，要主导事态的发展。为了做到这一点，就要学会怀疑对方。

犯人为何留下如此明显的证据？

之前讲到的，在韩国大田忠南一带发生的强奸案中，因为在调查中没有找到证据，所以遇害者的陈述发挥了最重要的作用。但是，遇害的女性不愿再复述当时的情景，并且因为当时受到的刺激，无法做出有利的证词。于是，警察对所有遇害者的陈述进行聚合，并致力于找出共同出现的犯罪特征，并对其进行分析。

在陈述中得知，犯人最大的特征是有很大的体味。由此，第一个嫌疑对象就是流浪街头的人。因为这群人没有固定的住处，天天风餐露宿，也不能洗澡。但案件没任何进展。把搜查对象集中在有体味的人群的同时，忽略掉了其他证据。此次连环强奸案覆盖到韩国大田和忠南，分散性地发生。这时需要提出疑问："流浪汉有可能为了施暴，而如此大面积地移动？"通过这种提问法可以得出，不一定只有流落街头的人，身上才有臭味。

那么，就需要再次提问，"移动性强的同时，又带有臭味的人，通常是从事什么样的工作？"其最恰当的答案，就是长期移动性强的职业。那就是说，身上有体味是不是因为露宿，而有可能指操作机器或搬运的人。如果说移动性强的职业，一般会指运输业，或销售车辆、物流、快递等。可见，就一个有体味的罪犯特征，案件可以往两个完全不同方向进行推论。

此外，还有一个值得关注的证词。就是犯人的驾驶习惯。犯人有一次对其中一名女性施暴之后，向她要钱。当遇害者说需要去银行取钱的时候，犯人亲自开着遇害者的车去银行取钱。当时，犯人自动挡放到第二挡开车。

那犯人为什么用这种驾车方式呢？一般，长期过着飘忽不定生活的人，使用车辆的可能性较大。但犯人却表现出异常的驾车方式，其中有以下三种可能：一个是车技不好的情况，另一个是熟悉手动挡的人，最后是为了隐瞒自己是职业司机。可遇害者当中没有一个人见过犯人开车，更没听过任何发动机的声音，哪怕犯案之后，也是缓缓走出现场的。更奇怪的是，从案发地点和时间上看，不可能不使用车辆。不过犯人没有留下任何使用车辆的痕迹，说明使用车辆有可能会暴露犯人的身份。果然，最后查出来的结果发现罪犯是出租车司机。为了掩盖自己是出租车司机的身份，他故意装作不会开车的样子。

很多时候，我们都会被表面的信息被蒙蔽。例如，在韩国连环杀人犯郑斗英和刘永哲的杀人案中，因为当时凶手没有留下任何从外部入侵的痕迹，以及行凶手法过分残忍，认为凶手与被害者有可能是一面之交，并且极有可能是仇杀。这种赶尽杀绝的情况有可能是出于凶手过激的情感。但在这种情况下，凶手完全有可能是拥有精神疾病的患者。这宗连环命案的线索非常复杂，一旦陷入误区，就很难找出背后的真正原因。

不能仅仅凭借，在犯罪现场发现的高跟靴印，就断定凶手为女性，并且犯罪动机为痴情或报复。但在犯罪分析家看来，这种现场证据太过于直接，是故意留下的假象的可能性比较大。如果这时怀疑凶手为何留下如此明显的证据，便能很快找到头绪。这样一来，可以推断出，凶手为男性。这下该问凶手为何故意把案件伪装成女性行凶。分析进行到这里，就已经摸到关键线索的尾巴了。虽然在此案件不是强奸案，但从刚才那一番推论可以得出，凶手有可能是强奸犯。最后发现真凶果然是强奸前科犯人。

链码活用法

只看重于显而易见的现象，就容易被现场证据糊弄过去。因此，即使对没有可值得质疑的现场，也要对现象背后所隐藏的原因刨根究底地问下去，直到找出答案为止。这种结果成为疑问，疑问称为结果的逆向追问法，被称为Chain codes 方法。这种方法也是犯罪心理分析中最重要的技术之一。但活用起来难度不小，因为中间思路稍有差错，就会得出毫不相干的结果。

即使这样，也要通过考虑其他因素，以及不断提出新问题，来进行再确认的过程。商务上的资料情报，也有可能是被造假的。尤其在传达情报的过程中，只要有人为因素的参与，就很容易出现误差。在策划新项目，需要做出决策或调整内部结构的时候，使用Chain codes方法有助于进行自我鉴定。

05 为恶魔辩护

若想通过说服别人，得到自己想要的东西，千万不要被情报牵着鼻子走。不管在任何情况下，收集情报并在这一基础上加以解释，或进行加工的所有工序都要主动进行，只有这样才能获得有价值的情报。尤其是在商务谈判席上进行的说服过程中，不要把协商主导权交给对方，而是自己先提出指引，把握主导权，获取自己所想的情报。即，在交流环节中，成为控制情报消息泄露的网守，每次有新情报传来的时候，能够自由操作对方。这样才算是把手上的情报的作用发挥出极致。

在案件调查或进行审问的过程中，如果只是被动地去接受案发现场、目击证人或被害者所提供的情报，对破案毫无帮助。为了对每个情报或证据所包含的意思进行分析，并且从中

CHAPTER 1
第一章 闻一知十

提炼出对破案最有利的信息，需要熟练掌握处理情报的技术。所谓处理情报是指，不受次要情报的影响，能去把握大脉的能力。从整体的角度看来，在分析有关情报所传达的意义，并设计其适用方法的同时，就能够实现犯罪分析的目的。

西方中世纪的天主教中，有一个被称为恶魔辩护士的职位。天主教廷在追叙圣人时，对包括当事人的善行在内的，一切日常细节进行追查。他们的角色是集中调查当事人是否违反了作为天主教徒的律法，以及是否有隐秘的不道德行为，最后向教廷报告调查内容。恶魔的辩护士对圣人候选人的证据逐条进行审阅，连一点缺点都容不下。

其实，很久以前，"恶魔的辩护士"这种叫法，就已经被使用到教会以外的地方。而如今，用来形容那些在进行对话或讨论中，对别人的观点进行挑刺儿的人。而在商务领域中，则被认为是为了不卷入失误或偏见，调动危机意识的想象。

1995年的墨西哥金融危机期间，美国前任财长罗伯特·鲁宾，面临着是否对墨西哥捐助250亿美元项目的决策。这时，他选任了"恶魔的辩护士"来帮助他做出最佳决策。最后想出的方法，就是命令墨西哥方面负责人员——现任财长，指出这次项目的不当之处。他们并没有接受主流意见，而是为了找出最佳意见，派出"反对人"。

囚犯的窘境

在犯罪调查中，有一种与"恶魔的辩护士"相似的方法，叫做"囚犯的窘境"。有共犯的情况下，分别给两人透露不同的假情报，来获取真正情报的心理诀窍。"跟你一起进来的人这么说的。"通过类似于这种对话方式，让对方觉得自己被共犯背叛了，进而扰乱他们的思绪。

在受黑社会牵连的命案中，对彼此的敌对组织泄露有关责任转嫁的情报，例如，"听那帮人说是你们组织干的。"一听到这种情报，对方很难坐得住。如果对方不做出点反应，就说明他们自招。如果他们不想背黑锅，就不可能没有反应。"警官，其实不是那么回事。"如果对方做出这种回应，下一步就顺利进行。

在连环杀人案中，也可以通过媒体报道，误报凶手的有关信息。如果分析出凶手有极不喜欢被无视的性格，那就报道能刺激凶手这种弱点的内容。事实上，在美国调查一宗连环杀人案的过程中，就曾出现过，通过故意报道贬低凶手智商或犯罪动机等内容，成功破案的事例。

"据分析，凶手是极其小心的人。其中两件命案是凶手的作为。但剩下的一件有可能与凶手无关。可以看出凶手并不是那么胆大包天。"看到这种报道的凶手，认为警察无视的自己能力，以此被激怒，直接联系到媒体方说："别开玩笑。你们报错了。都是我干的。"就这样，凶手自愿送上门。由此看出，虚报凶手的有关信息，刺激凶手的方法，也是使用误报的方法之一。

当然，以上这种情况，很难得到媒体的协助。所以，之前谨慎调整报道资料。即使对犯人所在的位置不太确定的时候，也要误报成好像知道确切位置一样；案件毫无头绪的时候，也误传说警方已获得人证物证。这种错误的信息可以让犯人焦虑不安，引发下一步行动。反过来，在已经找到证据并且快破案的时候，则要报道调查毫无进展之类的负面消息，好让犯人变得更加松懈，方便进行突击。

故意暴露弱点的原因

故意向对方暴露自己的弱点，也是利用误报的方法之一。在协商过程中，一般大家都会隐藏自己的弱点，尽可能挖出对方的弱点。但是，根据对方接受自己的弱点的态度，弱点反倒会对自己产生有利的作用。即便是一个致命的弱点，对方也有可能无利可图，或者对方作为同行也有可能有同样的弱点。在这种情况下，暴露弱点对协商的成败没有影响。同时，因为暴露弱点，可能解除与对方的隔阂，起到缓和关系的作用。也就是说，通过对方预想不到状况，来刺激对方的感性，进行说服。根据不同的情况，提前暴露自己的弱点，可能成为成功说服对方的有利战略。

假设对方在和别的公司进行谈判之前，收到我方遇到资金困难的情报。对方也会在进行谈判之前，在内部进行核实。如果对方提出我方负担不起的价位，谈判就无法进行。对方会在价位上定好底线。如果这时候对方愿意进行谈判，就能预测对方的要价离我方的估价不会差太多。

相反，如果我方收到了对方致命的弱点，在同样的情况下，能预测出对方期待的最佳结论是什么。那接下来，就可以考虑第二个备选价，最大限度地给对方做出让步，最终双方可以达成一致。

有时，单方面的泄露情报，是故意示敌以弱的战略。因为对一个完备出战的对象，敌人一般都会提高警惕。所以，尽可能做到不暴露自己的弱点。相反，如果遇到了一个漏洞百出的对象，他们就会对自己比较有信心，相对来说也会放低警惕，暴露出更多弱点。

尤其是那些看似单纯，没有心机的个人营业户，一般都

CHAPTER 1
第一章 闻一知十

会呈现出不凡的业绩。其实他们的服务能力并不比别人差。却表现出有点马虎的形象，让对方觉得自己处于优势的感觉，同时也不忘把自己已准备好的牌一一列出。这是他们的秘诀。这种说服方式有助于提高对方的满意度。但也要根据客户的类型。如果在对外的假象背后安排好周密的计划，这种方法便能带来巨大的成就。

但需要注意的一点，就是不能使用毫无根据的话语来迷惑对方。找出没有出处的虚假情报是对方的事，但通过自己的渠道或资料，直接传出去的假情报，最终会对生意产生负面的影响。尤其是在谈生意的时候，绝对不要因为掩盖一时的失误而撒谎。如果被发现了错误或失误，明智的人会立刻向对方承认。为了摆脱一时困境，利用谎言为自己辩护，就会失去承认错误的机会。一旦失去了这个机会，后果往往不堪设想。

即使在犯罪调查过程中，这种态度也是无法容忍的。就像检查官揭穿目击证人或被害者的假供，检查官用谎言利用嫌疑犯的时候，其后果都是极其严重的。为了说服嫌疑犯开口，通过无法承担的补偿或减刑为由，得到对方的坦白是不道德、不合法的事情。

以前，刘永哲在被审问的过程中，说自己是里门洞杀人案的凶手。但在法庭上却否认说，是因为一位高层警官答应好，如果自己承认是那起案件的真凶，就会对自己的儿子进行负责。后来查出那起杀人案的真凶，整个事件才水落石出。

再对嫌疑犯进行审问的时候，有可能出现对方这样的提问，如果自己坦白会不会得到减刑。这时千万不要一口答应对方的要求。因为这不是犯罪心理分析家的分内之事。这种决定刑期的要求，超出了自己的能力范围，只能表示对方协助的程度，有可能影响刑期的长短。对方提出这种问题说明，对方已经做好坦白从宽的准备。因此，即使没有担当那种责任，也照样能获得对方的自白，或自己需要的情报。

06 学会利用空间和环境的力量

从电影里看到的审问室，可以知道空间和环境对心理产生的影响。通常，嫌疑犯和警察面对面地坐在光线不好的小黑屋子中，会给人一种冷冰冰的感觉。审问的人一般坐在背光的地方，这样能让对方感到警察威压的感觉，并且因为背光看不清警察的表情，这更使对方感到紧张不安。再加上，室内温度较低，与外界完全隔阂，以及滴水的声音等，则更加重恐惧的氛围。换做任何人，也不愿意在这种地方呆太长时间。

实际上，这种环境能够对人的心理产生很大震慑作用，心理素质比较差的嫌疑犯，很容易因为这种氛围而变得更加畏缩。为了尽快逃脱这种空间，不计后果地说出对方想要的回答。虽然其效果很大，但通过这种方式得来的答案，其真实性也同样值得怀疑。单凭这种环境刺激法，很难让嫌疑人做出对自己不利的自白。

与过去相比，现在的审问室内完全不一样。过去，审问室内环境被看作是一种隐形的拷问形式，被大家所接受，对此，不断出现对人权造成侵害的提议。在国外，有不少在这方面的诉讼，已经得到很大改善。现在，韩国也对国家公务机关的审问设施规定出了详细的规则，通过室内温度、灯光照明等设施的改善，室内环境氛围已达到让人舒适的感觉。

其他类似的方法有，切断外界隔音，使用一面镜，装置监控设施等。大部分嫌疑犯光看录像设备就已经很紧张。但是，使用一面镜，就不知道镜子后面有谁，致使加重嫌疑犯的不安情绪。嫌疑犯担心镜子后面有可能站着被害者或目击证人，也有可能是犯罪心理分析师正在分析自己的一举一动。在这种想法的驱使下，嫌疑犯往往都会对进入审问室，产生抵触情绪。

在挑选面谈者的时候，也涉及很多犯罪心理学因素。挑选与嫌疑犯在年龄、兴趣等方面相似的人，才能在面谈时有利于双方形成共鸣，提高理解度。但有的时候，出于引发嫌疑犯的羞愧之心，也需要挑选年轻的检查官。

对社会地位高，自尊心强，并且注重名声的嫌疑犯，故意安排年龄与嫌疑犯儿女相仿的检查官进行审问。面对一个跟自己孩子差不多大的审问官，嫌疑犯会想："我上大学的时候你还没出生呢，我还要在你面前撒谎吗？"一想到要跟一个平时自己都不会瞥见的新手做头脑游戏，嫌疑犯的心也就软了。

如此，如果使用心理上产生的效果，就很容易打动对方的心。也就是向对方吐露自己也愿意放低位置，不那么居高临下。通过这种态度，可以打开对方的心结，让对方坦白。如果女性嫌疑犯被比她年轻的警官审问，会因为惭愧之心很容易激动。换作是男性嫌疑犯反应就更大。像在韩国这种纵向关系森严的国家，单单对这种例外情况的存在，就已经很容易被激怒了。

相对效果而言，其副作用也很大。许多社会高层机关人士面对这种方式的调查审问，往往选择自杀的原因，也是因为他们不能容许屡次调查中，自己的名誉和自尊心遭到诋毁。

但在商务领域里，使用这种方式反倒会带来负面效果。如果对方派出部长级人物出面，而这边却派遣一个新手代理人，对方会极为不快。特别是，那个新手不知道自己轻重，敢在对方面前放肆无礼，协商就会因此出现僵局。偶尔，有必要在初期的时候，大大刺激对方，之后再向对方致以诚挚的歉意，重新建立关系。但在一面之交的情况下，不建议使用这种战略性铺垫。最好在不刺激对方的情况下，进行谈判。

先从打动人心开始

商务会谈中，根据各自的利害关系构成的协商团，是最常见组织模式。相反，在犯罪心理分析中，尽量以一对一面谈为原则。这是为了在没有陈述录像的情况下，避免惹是生非。除非嫌疑犯是女性或有自残倾向的特殊情况，才会配有参观者或辅助员。但一对一的面谈方式对营造融洽rapport的氛围最有效。这种融洽关系Rapport意指人际关系中的"共鸣"或"感性纽带"，有助于进行对话之前，敞开对方的心门。

即便是在嫌疑犯和审问官之间，两人长时间面对面交谈，也会在情感上产生信赖关系。对嫌疑犯也会想交心，等建立了一定的信赖关系之后，对方会考虑通过坦白或提供情报作为回报。商务谈判中也有类似的环节。在互相提出条件的情况下，如果谈话对象总是换来换去，就很难确定谈话对象。所以，事先需要考虑好挑选怎样的面谈者。

说服和协商中最重要的就是论题。但为了让争论点靠拢最佳条件，需要设计周密的论点作为支撑。支撑论题的论点要素有文化、时间、场所等。其中，场所一般由占优势的一方决定。

每个人都会对自己熟悉的空间感到舒适。在协商过程中，场所的位置或氛围能成为重大的变数。因此，要把选定场所看作是成功说服和协商的出发点，谨慎对待。若双方都认准对自己有利的场所，那么等谈判还没开始就会产生矛盾。

正面是敌，右边是盟友

商务谈判中，一般由强势的一方选定其地点或时间。但不要以为对方强势，就必须要接受对方提出的所有要求。当双方在这方面发生冲突时，一般会选择折中的地方。

问题是在商务谈判上，不可能出现中立的局面。其相关事例有，世界最大工农业设备公司卡特彼勒，在每次重要会谈上，为了公平起见，选择在快艇上进行谈判。但快艇本身属于卡特彼勒公司，因此会削弱其公平性。

运动赛事中的"主场效应"在商务谈判上，也发挥其同样的作用。以此看来，最佳方式是把对方叫到自己的公司里。但这同样也无法实现，所以要事先营造出对自己有利的谈判氛围。不能让对方在完全武装好的情况下，进入敌人的包围圈，这样容易处于被动状态。

决定谈判地点、时间和氛围等，方便于主导整个谈判进行的过程，并且容易实现自己的目标。到对方的公司或移动距离超过对方的情况下，其花费的时间和费用也会增加，所以变得倾向于与对方达成一致。进而，如果需要到别的地方和国家，由于陌生环境带来的不便，无法向对方发出攻击，而往往急于妥协。"费用对比效果"会给双方达成协议带来负担。

因此，一定要避免前往对方公司进行谈判。由于不得已的情况，在对方的公司进行会谈的时候，也要商量在独立的会议室里进行。并且考虑到选定参加者或安排坐席上的困难，应该事先确认好对方的人员信息。这时，若能得到对方公司人员的帮助就更好。如果对方已选好场所，选定时间最好由这边争取。安排时间的时候，要给自己留出充分的时间，包括在路上的交通时间以及检讨资料的时间

1976年，在法国巴黎举行的越南和平会谈，在安排席位上争论了八个月之久，也因此被世人所知。其原因就是西贡政府代表和越南民族解放战线代表，双方都拒绝面对面坐。通过一系列的调整，直到会谈最后，决定使用圆形谈判桌，问题才得到解决。因为圆形桌子没有上下区分，所以能展现出平等的地位。由此证明，坐席的位置能暗示出相互地位。

美国心理学家费斯汀格曾说："人习惯无意识中坐到敌人的对面。"也就是说，在某个空间准备入座时，人们会选择与自己有过瓜葛的人的对面，就坐的可能性比较大。选择面对面

地坐，即是攻击对方的信号。因此，一定要小心主动坐到自己正对面的人。

警察或犯罪心理分析家在审问嫌疑犯的时候，面对面坐的原因也是由此。为了从他们口中得到完整的信息，需要打心理战的情况下，面对面坐着才能区分说服以及被说服的人。

相反，需要与对方取得共鸣的情况下，坐在离对方视线最右的地方比较有利。这是心理学家尼斯贝特通过实验得出的结论。他在桌上摆出同一款的四双丝袜，要求人们选出自己中意的一双袜子。大部分人挑选的是最右边的一双。这一结果证明人类的左侧大脑比较发达。所以，观察事物的时候，很自然地把视线从左到右移动，最后选定最右边的东西。

这时，"亲近效应"发挥作用，使人看好靠右的对象。"亲近效应"指人对新的情报更为记忆犹新，并且超出实际看重程度的现象。在报纸和杂志的右侧页面的广告费更贵的原因，也正是因为读者的视线，在右边停留的时间更长。因此，为了突出自己在对方心目里的地位，最好挑选靠右的座位坐。

通过氛围融化一切

空间和环境可以如实地反映出，一个人的地位和力量。在自己的地盘，人们往往能够施展出自己的能力，而在其他任何地方，个人的气势则会更弱。当一个人感知对方被自己压倒的时候，就更容易施展自己的权威。在公司领导的办公室碰面，跟在走廊里碰面，给人的感觉会完全不同。以平易近人的形象当选为韩国总统的卢武铉，在进入青瓦台之后，因为觉得总统办公室过于权威，所以指示对其进行改造。那是因为不想把人们通常认为的，总统非常威严的形象带到办公环境中。为了营造符合地位的形象，而设计出表现社会权威的环境，人们往往很难超越这种认知。

审问室的内部结构也是如此。其房间大小、照明、桌椅的摆设等所有的设计，都成为压迫嫌疑犯的最好形态。检察官、律师或警察等人，给犯人安排座位的时候，把犯人安排在不易掌握周围环境的地方。这种周到致密的排位方式，能立即使对方解除武装，并且弱化对方的协商能力。如果不想被别人事先布好的节奏打乱计划，就要抢先来到预订场所。

若想通过对方达到目的，可以在谈判桌上放点小点心，或沏点上等茶品之类。吃美味的食物能使人心情得到放松。人对饮食的欲望，是出于本能的，所以仅仅满足对方的这种本能，也能建立友好的关系。吃东西时候产生的快感延伸至对他人的好感，进而容易接纳对方。

如果对方愿意接受邀请，可以邀请对方到安静雅致的地方一同就餐，这也是一个不错的方法。这时，最好是招待的饮食符合对方胃口，就餐环境舒适，以此能使对方心情大有好转。如果在协商中，双方关系发生僵持或想得到进一步发展，可以安排晚宴或酒席。特别是酒吧或夜总会等隐蔽的地方，适合进行私底下的沟通，有助于双方形成共鸣，并且其室内昏暗的光线，能适当地遮住表情。过于亮堂的环境往往使人形成防御心理，相反，昏暗的环境有利于解除彼此的隔阂，增加亲密度。在这种环境下，人容易得到放松，抖露自己的心思。

通过借助地点、空间摆设、饮食、照明等来营造适合协商的氛围，可以让对方敞开心门，即使在同样的条件下，也能够顺利圆满的进行协商。在此过程中，有必要事先了解对方的嗜好、特性或性格等细节，以便可以提供符合对方的口味。

07 为对方制造弱点

　　时刻保持警惕，不露声色地从对方口中得出情报，不是一件容易的事情。尤其，犯人认为自己的一句话能影响至刑期，所以不愿意吐露心声。但引起社会众议的极端犯罪分子，往往缺乏逻辑性，所以攻击他们的逻辑和情绪上的缺口，对方撑不了多久就会放弃。但也有厚脸皮式地拖拉时间的人。对付这些人，最好是用确凿的证据来堵住他们的嘴。对心理素质较差的人，只需提及测谎仪器，就能让他们顺服。

　　韩国釜山初中女生案件的杀人犯金吉泰，在调查过程中，一再否认自己的罪过。即使被告知在被害者衣物中，检测到他的DNA时，依然摆出一脸无辜的样子。并一直狡辩说自己虽然

CHAPTER 1
第一章 闻一知十

跟被害者一起待过，但并没杀害。直到警方安排一个与被害者年龄相仿的警官，进行面谈时，造成仿佛被害者本人进行质问的假象时，对方才开始流泪。看出对方心境的警察说要用测谎仪的瞬间，他不得不全部坦白。

最佳替代方案BATNA

为了打动对方的心，得到自己想要的答案，需要事先掌握对方的特性。谈商务的时候，有些人适合从情感方面接近，又有些人只对商务本身感兴趣。要求对方提供自己的需要之前，应该先对其进行初步的了解，并且识破对方的弱点，才能成功说服别人。如果对方是喜欢谢礼的人，那就很难只谈公事。对公私分明的人，论及物质性的东西，有可能被认为是在侮辱对方。在没有永远仇敌的商界里，很难评论说服和协商技术的好坏。只是为了实现自己目的，根据不同的对象和情况，需要灵活使用自己的技术。

然而，过分算计对方，反倒会引起对方的逆反心理，提高对方的抵抗力。这时，不要过分地威胁对方，而要告诉自己的最佳替代方案。也就是间接告诉对方，即使这项协商谈崩了，也有额外的对策，所以不要以为协商会以对方期待的方面发展。但也要知道告诉自己的最佳替代方案，只是在希望使协商向自己有利的方向引导的条件下，最终达成共识的方法而已。因此，最佳替代方案一定要用在刀刃上，并谨慎使用。通过告知自己的最佳替代方案，让对方认识到自己协商的目的，不是满足一方的私欲，而是让双方都达成共识。

在证据不充分又没有拘捕令的状态下，逮捕嫌疑犯的时候，需要在三十六小时以内录完口供，并释放嫌疑人。所以，需要跟嫌疑犯打一场分秒必争之战。时间比较紧急，嫌疑人又不愿意供出核心的情报时，审讯官很容易变得焦急。但要知道，露出这种焦虑情绪的瞬间，对方更不愿意配合，面谈往往以失败告终。为了在最短的时间内，进行成功的面谈，需要提供一些能打动对方的东西。强压性地逼供方式不仅不太管用，而且失去了作为陈述证词的价值。性子急、经验少的检查官，经常会犯下这种失误，但那些老练的检查官和犯罪心理分析家绝对不会催促逼供。他们给对方考虑的时间，然后进行面谈。

这时讲一些打动人心的故事，例如，伴随着心理上的弱点，或者值得引起对方共鸣的话题所提出的条件，能成为很好的最佳替代方案。虽然是一个极其凶残的罪犯，但对自己的母亲却百般呵护，那就从母亲的立场或心境出发，与对方进行交流。也可以讲述一些能体会到母爱的故事，也有助于软化对方的心。

CHAPTER 1
第一章　闻一知十

　　但对任何刺激都没反应，一直拖拉时间的行为，就要发出最后的通牒。"你只有三个小时。如果三个小时之内坦白，我们也会尽力向法官申请减轻你的量刑。但错过这个时间，我们只能让你受到更加严厉的审判。你好好考虑。"或者"好。你可以继续强撑。我们这边也有确凿的证据。你这种态度反倒对你不利。证明你的罪行只是时间问题。"根据当时的情况以及嫌疑犯的特性，灵活使用这种方法。

　　当然，也有这些方法都毫无收获，无罪释放嫌疑犯的情况。最近逮捕到的，杀害自己怀孕妻子的嫌疑犯医生，就是这种情况。从案件情况上看，有明显的犯罪动机与嫌疑，但法院却因为缺乏证据撤回了诉讼。调查组并没有因此而灰心。无法将嫌疑缉拿归案，并不代表搜查失败。警方继续强化搜查力度，嫌疑犯也不能完全松一口气。这时候，为了给嫌疑犯施加压力，更要表现出绰绰有余的样子。"诉讼被撤回了。现在你自由了，可以走了。但也不要太担心，很快就会再见的。"用这种话给对方留下有底气的印象，嫌疑犯只能更加感到不安。最后，凑齐证据的警方，在一周之内收到了法院的拘捕令，嫌疑犯彻底落入法网。虽然不知道之后的裁判如何进行，最终审判结果会是如何，但至少在收到拘捕令的方面，警方已经胜出。

谁泰然自若，谁占尽优势

不管在犯罪调查还是在商务协商中，即使自己处于弱势，也千万不要受这种趋势的影响。流露自己感情的瞬间，就会完全输给对方。逼近最后期限，谁都会感到不安。愿意坐到谈判席，已经证明了其成交的意愿，如果自己感到不安，说明对方也一样焦虑。如果双方都在想自己是否会亏损或错过这笔交易，那么泰然自若挺到最后的一方，将处于绝对的优势。因为，显示自己被时间追赶，才是致命的弱点。协商的核心在于，沉着应战到最后，不表露内心的忧虑等情绪。

进而，也需要更加努力去找出对方的弱点。对方的弱点有可能成为自己的优点，所以把握对方的弱点，为成功的协商带来最高的竞争力。即使看似再完美的对手，也肯定有一两个缺点。这种弱点反倒会隐藏在优点之中。涉嫌杀害自己妻子的那位医生（如果他是真凶）虽然被怀疑是通过自己的医学知识，把案件伪装成一场事故，但最终这种医学知识丰富的优点，反而成为案件调查的突破口。

让对方感到自己身负债务的感觉

让对方感到自己身负债务的感觉的方法虽然不同，但却

CHAPTER 1
第一章 闻一知十

非常具有说服力。人们有一种强迫观念,那就是当有人对自己献出好意,就要同样地报答对方。生日那天从朋友那里收到生日礼物,朋友的生日也要送礼物;圣诞节收到了贺卡,同样也要送一张贺卡给对方作为答谢。这种想法被称为"相互性的法则",是说服对方的有效方式。

诸多企业使用的免费样品营销,也是利用消费者心中的这种法则。免费样品是企业出于面向市场,介绍自己产品为目的,给消费者免费提供的小量产品。当消费者接到了这种营销道具时,不知不觉中便陷入了相互性法则的圈套。

营销心理学家帕克,在自己的著作《隐藏的说服者》中这样写道:

"印第安纳州的一个超市主人,在店铺前面陈列出各种各样的芝士。并且针对顾客,让他们尽情地免费品尝。结果,当天芝士的销售额达到了一千英镑。免费样品的威力如此之大。"

相互性法则能作为说服对方的心理手段所使用,是因为不管针对任何对象,其成功率都是最高的。利用这种法则让对方觉得有愧于你,对方就比较容易接受较为苛刻的提案。即使在坚守自己立场的谈判桌上,在说服对方之前,献出一点好意,就不难得到对方的同意。

根据一次实验结果证明,只是寄出鼓励捐款的信件时,其答复率只有百分之十八,但在信件中附上一点小礼物寄出的时候,将近有百分之三十五的人回复说要捐赠。对此,法国人类学家马塞勒·莫斯说:"人类在礼尚往来的过程中,有三种义务。分别是送出礼物的义务,一定要收到礼物的义务,以及对收到的礼物迟早要报答的义务。"

人们从小对被人所欠感到不快。所以,只要是觉得对别人有所亏欠,就尽快地要摆脱出那种状态。这种相互性法则虽然适用于大部分关系,但对家人、亲朋好友等长久性的关系中很难看到效果。可在严格强调得失的商务现场中,可以成为影响对方的有效手段。

08 通过心理战术鉴别情报

在犯罪现场上搜集指纹、精液、血痕等物证的检查官，叫做鉴定人员。根据犯罪现场所提供的情报，对嫌疑犯进行的犯罪分析的分析师，叫做心理检查官。在案发现场工作的检查官，除了搜集证物以外，还要从现场最大限度地获取有关情报。但在很多情况下，即使掌握到了有效的线索，由于缺乏证据、对案件调查失去了自信、或者嫌疑犯虽然有犯罪动机却又不敢肯定。而且，当负责调查的检查官，超过两名以上的时候，由于互相意见不合，很难对已知的资料进行情报化。这时候需要的正是犯罪心理分析师。

对心理分析师来说，犯罪现场是凶手的第二张脸。因为，现场隐藏着证明犯人的性格、意图以及行凶过程的最有力证据。心理分析师根据犯人选定行凶地点的原因，通过犯罪行动样式（MO），对犯人的犯罪行为进行分析，读出隐藏在里面的真实情况。其中基本包括项目包括：现场的地理特性、接近路线布局以及与公共交通设施之间的距离。同时，查看案发现场周围的复杂情况，以及人流移动。如果是独立式住宅，分析围墙的高度以及与邻居的关系，监控录像位置以及与案发现场的距离等，以此来识破犯人的行迹。

发生在韩国京畿道西南一带和江原道旌善地区，杀害了8名女性，并纵火杀死妻子和岳母的姜浩顺杀人案里，案发现场都在公交车站附近。其周围人迹罕见，也没有设置监控摄像头。这种情况说明，凶手经常路过这附近或者住在附近。

这里要关注的并不是公交车站所处的地点，而是凶手的作案轨迹。在连环杀人案中，行凶的地点变化，勾画出了凶手作案的地图。如果凶手计划下一次的行凶，这种地图作为预测地点的基准来使用。只有成为心理分析师以后，具备读懂现场的能力，才能做到这一切。

即使具备非凡的分析能力以及洞察力，在心理分析师之间，也有可能发生意见冲突。所以，分析师应互相保持联系，及时比较分析自己的资料，完善分析结构。在分析资料过程中，如果过于强调分析家的个性，会降低分析的科学性。为了

CHAPTER 1
第一章 闻一知十

克服这种差异和界限，一定要互相共享情报，进行验证。

举个例子，当前破案的过程中，发现了凶手亲自制作的凶器。从这线索出发，分析师们会对凶手的特性提出不同的见解。有人分析凶手的占有欲很强，所以亲自准备整个行凶过程。又有人说由于凶手有前科记录，凶手肯定考虑到使用钝器时，溅到自己身上的血渍会暴露自己的身份。

不用一年的时间，杀害了二十多人的刘永哲连环杀人案，曾轰动一时，甚至后来被拍成电影《追击者》。刘永哲为了避免周围人的疑惑，用亲自制作的锤子作为凶器，又为了毁灭证据，对尸体进行焚尸或分尸处理，再暗葬到野山上。其手法极其周密、凶残。并且，凶手穿插使用不同的犯罪手法，给搜查带来了极大的困扰。同样，两年之间杀害十三人的郑南奎，刚开始使用刀作为凶器，后来使用钝器，蓄意对MO进行捏造，引起警方的困惑。

凶手的手法越是周密，分析师之间越需要对相互意见进行调整。并且去案发现场之前，需要通过阅览有关案件的照片，考虑到不同的情况。通过客观的视角对凶手的自白，警察的调查资料等进行分析，分析师之间的意见分歧不断进行调整，才能减少在破案过程中出现的失误。

看到的不一定是真实

　　商务现场才是意见冲突飞舞的地方。即使连环杀人犯，也不一定总是保持同样的特性。同样，在进行说服中，所要面临的对方的特性，根据不同情况，案件以及协商对象也不同。此外，不同人分析对方的情报，其意见也会各不相同。对于同样的对象，有些人分析为情绪性较强，而有些人分析为伦理性较强。根据与对方维系的关系程度，所接受的情报同样会出现差异。

　　问题往往源自分析过程中的不同见解。好不容易收集到的情报，突然变成盲人摸象般得来的虚假情报。准备协商资料的时候，必须要经过共享验证内部资料。为了让情报富于生命力，尽可能通过不同的经验和视角，对资料进行加工处理。

　　通过不同部署之间的检讨过程，很容易获取有价值的情报。为了其他目的收集的资料，是否依然有效；通过大众媒体收到的资料是否可靠；不同时间得到的资料，在其价值和正确度上有何变化等。必须要经过以下提高资料正确度的过程，才能说收集到了真正有价值的情报。

　　即使从不同的资料提炼出有效的情报，也要慎重对待分析资料的过程。因为，在谈判桌上，不同立场和身份决定了大家不同的解析。所有情报根据不同的解释和接受方，其意义和利用价值也会发生变化。以甲方的身份进行谈判时，要熟知乙方的情报，但却要在现场彻底掩饰自己所知道的真相。相反，以乙方的身份进性谈判时，一定要致力于保护对甲方的有利情报。此外，要事先预想对方如何对同样的情报做出不同的分析，并且如何使之用于对自己有利的方面。为了减少失利，需要以这些内容为基线，对说服工作进行构造化。

这也是审问嫌疑犯时，心理分析师要具备的态度。心理分析师会掩饰自己的真正想法，让对方无法探知自己的底细。对方会因此感到不安和焦虑。嫌疑犯无意中说出的话，有可能完善分析师掌握的证据或心证。

通常人们所看到的不一定是真实。从行动科学和认识科学的角度上看，这意味着当人们接受情报时，会对其进行变相解释，歪曲理解。每个人所拥有的记忆、技能、偏见或无意识等因素，都能成为歪曲情报的要素。人类本来就是理性和感性交织在一起的复杂综合体，其心理复杂程度难以预测。所以，考虑好对同样的情报应该如何进行处理，并传达给对方。

寻找交流核心情报的空隙

美国心理学家罗伯特·塞钦斯和他的徒弟约翰·道森认

为，正确处理情报，才是进行交流的第一步。即使再怎么振奋人心的情报，错过了最佳的传达时期，也会变得毫无用处。利用情报进行说服的过程中，最重要的并不是立即给对方传达核心情报。

人们面对新的环境，往往比较容易分心，因为我们会不由自主地开始注意周围的杂乱信息。在这种状态下，接收频频而来的新情报，很难将其归纳集中。等过了一段时间，逐渐适应了所处的环境。然后，慢慢恢复集中力，而这正是接收核心情报的好时机。对方准备好聆听情报的状态时，扔出已准备好的情报，信息接收方的心便会产生更大的触动。

但如果在对方还没有做好接受情报的准备时，提前将情报告知对方，反倒会带来负面的作用。在那之后，当自己没什么可提供的特别情报时，看到对方漠不关心的态度，自己便会有备受侮辱的感觉。

有一种方法，很容易确认交流核心情报的时机。去周边的大型超市，便能体会提供核心情报的准确时机。一般在入口很难看到打折促销信息。在人来人往的超市里，人们很难环顾自己的周围，都没看清商品就已经买了很多。等到对购物有了一定的熟悉之后，才会开始关注减价产品。只有到这时，顾客才会对打折这一核心情报动心。本来没打算要买，当一看到打折信息时，便犹豫要不要买下来，刚好这时售货员过来给你详细介绍，帮你做出了选择。可以说，顾客都是被情报和把握时机的完美组合给掳掠了。

　　犯罪心理分析师和警察，从嫌疑犯的口中得出真相时，传达情报的正确时机发挥着极其重要的作用。即使手里有足以让对方开口的情报，也不要在审问刚开始的时候说出来。而是寻找对方能够接受情报的空隙，再进行攻击。这时候才能让对方供出最真实的犯罪情节。说服对方时也需要寻找这种破口。

CHAPTER TWO

第二章

揭开对方的底牌

01 通过肢体语言把握事实

根据美国科学专刊网，lifescience杂志的研究报告所述，从一个人在对话过程中，展示出来的动作体态，可以判断出那个人所处的社会地位与经济背景。

在美国加州伯克利大学心理学系任教的迈克尔·克劳斯教授和切尔·科尔特纳教授，为了验证行为举止与社会地位的关系，对100名大学生进行了观察实验。他们先让两名初次见面的大学生进行一分钟的对话，以便在暗中观察他们的身体动作。实验结果显示，家庭背景优越或家长社会地位较高的学生，会比家庭背景不好的学生，表现出更多不礼貌的行为。家庭背景好的学生，一般不太注意聆听他人的陈述，要么摸摸衣角，要么玩弄手中的东西。相反，从底层家庭出身的学生，往往会通过点头或微笑等反应，对他人的言论做出回馈，表示对他人的尊敬。

克劳斯教授认为，行为之间的差别，不是来自于礼节教育，而是动物的本能反应。社会地位高的人为了提防别人，会下意识地通过肢体语言，向对方发出这种的信号。如同一只猛兽会向对手炫耀自己的力量一般。所以，他们会陷入非常自我的想法中，不由自主地做出不礼貌的行为。同时，这项研究也说明，人类的身体能够传达出很多个人信息。

美国心理学家阿尔伯特·梅拉宾，在经过长时间的研究后，发现人类在进行交流时，表情、动作、姿势等肢体语言所传达的信息，甚至达到了信息总量的百分之五十五。其次是音声，包括语气、嗓音、音调、音色、语速、语调、呼吸等，占到了信息总量的百分之三十八。而人们认为非常重要的言语，仅仅占百分之七。这项研究有力证明了肢体语言的重要性。以往我们都认为，在人与人进行交流的时，最重要的就是言语中所传达的内容。这项研究结果彻底推翻了人们的固有观念。

寻找无声的对话

在整个沟通过程中，肢体语言占到了百分之九十三，而大部分情况下，肢体信息的传达都是通过生理作用，在无意识中

CHAPTER 2
第二章 揭开对方的底牌

自然显露出来的,所以不容易伪装。因此,在犯罪调查或商务谈判中,了解这些知识有助于更好地解读对方的心理。当然,也不能仅仅因为一个人眨眼或眼神聚焦在远处,就断言这个人是否在说谎。若想将这种常识变成普遍共识,多少有点勉强。为了读懂对方的肢体语言,首先要掌握对方日常的行为习惯,常用的肢体语言。虽然不容易掌握,但肢体语言是判断彼此感情和真心的重要凭证。为了主导彼此之间的谈判,并避免掉入对方设置的陷阱,除了占百分之七的言语表达以外,更要读懂占信息量百分之九十三的肢体语言,并具备预测对方心境和行动的能力。

非语言沟通,即肢体语言,为什么如此重要呢?大部分人都认为,言语上的交流才是最重要的。但他们往往忽略了,嘴是最虚伪的器官,可人们的身体却不会撒谎。因为这些肢体语言,是自己的无意识行为,所以才没有经过虚假的包装。实际上,人们在非常重要的场合或关键性的谈判中,更多的时候都是依靠肢体语言来表露真心。因此,要熟练掌握对方的肢体语言,以便把握对方的真实态度,走上成功之路。

著名的心理学专家——大卫·弗里曼特尔,曾经说过:"动物对细微肢体语言的感知度比人类要高得多。因为他们正是通过这种方法,才得以繁衍不息。"在任何组织或团体中,都存在可以统御大多数人的领导型人才。这些人受到人们的追捧，并通过自己的言行举止，去影响团体成员的行为。他们是怎样获得这种地位的？如果仔细观察他们，你就会发现，他们身上具有迅速捕捉肢体语言的动物性本能，他们还可以通过肢体语言进行沟通。即使在对话中，他们也留心读取对方身体所传达的无声信息。

美国明尼苏达大学心理学教授马克·斯奈德认为，有些人只需通过对方的表情、视线或态度等非言语信息，就能读懂对方的意思，甚至内心的情感和态度。这些人都是拥有超强自我监测能力的精英。自我监测，是一种通过捕捉非言语信息，来把握对方内心状态的能力。并以此推论出对方的真实看法，再通过适当调整自己的行为，获得对方的好感。简单地说，这些精英都是懂得"察言观色"的人。假设一个主持会议的领导，从部下的反应中，看出他们感到无聊，可以尝试立即转换主持方式，调动大家的情绪，让更多的人参与其中。这种人就拥有非凡的自我监测能力。

用肢体语言提高沟通能力的方法

哈佛大学心理学教授罗伯特·罗森塔尔博士，是非语言沟通研究领域的专家。他对十八个国家的七千多名志愿者，进行了非语言情感能力检测。统计结果发现，拥有超强情感认知能力的志愿者，相对而言，人际关系都比较好。也可以结交更多的异性。并且，他们在情绪上也比较稳定，学习成绩往往比较突出。由此可见，自我监测能力对人际关系和学问，甚至事业成功方面，拥有重要的影响力。那么，究竟如何才能培养出非语言沟通的能力呢？

犯罪悬疑片《本能》（Basic Instinct）在全球上映之后，剧中遇害者的女友凯瑟琳（莎朗·斯通 饰）与警察尼克（迈克尔·道格拉斯 饰）在面谈过程中，翘起二郎腿的场面，成为人们谈论的热门话题。这一场景引来了各种不同的看法。可单凭一个动作，很难揣摩出凯瑟琳这一角色的内心。在这部影片中，虽然导演根据自己的意图，设定了各式各样的场景，但一般的犯罪分子，利用夸张或虚构的肢体语言迷惑警察的可能性很小。大部分嫌疑犯会集中隐瞒真相，所以没有那么多剩余的精力，使其做出如此聪明的反应。

尤其是那些，本来就习惯做夸张动作或为敛沉默的人，很难通过若干个肢体语言去判断他们的心理。

所以，在谈判过程中，如果双方仅仅是初次见面，那么期望通过简单的非言语行为，去读取对方的真实目的，根本是毫无意义的奢望，而且多少会带有一定的风险。因为，在不了解对方日常行为习惯的情况下，很难读懂隐藏在肢体语言背后的真实意图。

当然，即使只有一些细节，也可以凭借严谨的推理过程，得最后的答案。但如果是缺乏相关专业知识和经验的人，试图把这种复杂的心理分析方法，引入到商务谈判中，会出现很多困难。不管是对待嫌疑犯，还是对待谈判对手，力图找出双方的共鸣，反而更有利于让对方敞开心门，吐露真实意图。

通过模仿对方的动作，来获取认同感，就是行之有效的方法之一。也就是说，为了说服对方，就要持有与对方相似的态度。但这其中也有陷阱。如果只是被动地去模仿对方的动作，就不会产生任何效果，甚至产生负面作用。

比起差异，每个人都更倾向于意见相统一，并从中获得彼此的共鸣。就像照镜子一样，看到对方和自己差不多或觉得与对方之间有共同点，就会感到放心。人们在做某种行为时，虽然自己可能没有意识到，但在心理层面已经有所触动。当发现对方与自己的行为习惯类似时，就会从心里感到安心，并且愿意敞开心门。不过仅仅靠模仿表面的动作，决不会引起对方的共鸣。

为了培养非言语沟通能力，需要先理解肢体语言的种类，以及肢体语言所传达的具体信息。传达不同情感信息的表情、视线如何移动、声音、托下巴或抖动腿等姿势，甚至身体上的接触，都能成为掌握对方情感和性格的重要线索。

接下来，可以分析比较一下，肢体语言沟通能力强的人，与相对较弱的人会有怎样的差异。我们平时也要留意观察他人在对话过程中的表现。在他们沟通的过程中，找出肢体语言的信息，并理解其中的含义。通过记录自己和他人的对话过程，观察彼此的肢体语言也是非常有效的练习方法。通过这种方法，可以鉴别出不同情况下，所做出的不同反应之间的区别。如果能准确鉴别出这种区别，就能具备读懂无声信息的能力。

    肢体语言的技巧，比起长久性关系，更适合用于短暂的关系，譬如，商业上的关系。这种商务上的关系，需要建立在双方互利互惠的共存基础上。不过在双方还没有形成情感交流的状态下，以获取对方的认同感为目的，单纯模仿对方的姿势，反而会招来对方的不快。对这种表面的行为，会显得有些不尊重对方。

    相反，如果在进行对话的过程中，与对方产生相似的感情时，你就会发现，自己会不由自主地做出与对方相似的动作。这正是此类沟通技巧的核心所在。不是刻意地模仿对方，而是真正与对方出现感情共鸣的时候，就会自然地做出与对方相似的动作。听取对方的讲话时，可以用点头或耸肩的方式来模仿对方的动作，表现出自己的认同感。当然，在制定商务战略之前，就要考虑好这一点。在谈判场合上，也要学会根据对方的立场或状况，调节自己的姿势和态度，以及声调的高低等，并且将肢体语言、思维和话语相协调。只有这样才能准确无误地表达自己所要传达的信息。哪怕违背了这三要素当中的一个，会降低信息的传达能力。尤其，油嘴滑舌式的说服方式是可谓是胜算最低的协商道具。

无意中的肢体语言

如果希望进行成功的沟通，就需要在对话过程中，根据对方的反应，做出正确的回应。当对方正处于激昂状态时，自己也跟着一起提高嗓门，就会使整个局面变得更加无法收拾。但是，如果在不恰当的时机，表示出谦卑的态度，可能反而会不利于获得更大的成就。因为对方会觉得你不太在意此次协商。

由于肢体语言是在无意识中产生的，所以相对于有意识的语言表达，其真实性更强。为了准确有效地传达信息，并能够得到对方的肯定，平时就要通过训练，让自己拥有可以使对方产生信赖感的语气、声音和肢体语言。试读已整理好的协商资料，或试听录下来的协商录音，找出需要改进的地方。为了让自己在商场上表现得如鱼得水，可以把自己的日常生活录下来，观察自己的肢体语言，再对其进行修正。

非言语行为是出于本能的下意识行为，若想对其进行完善，就需要付出很多的努力和时间。但如果借助有关的技术方法能够进行构思，肯定能带来效果。应要把这种付出和努力当作是自我启发的一个环节，这样才能踏上成功商务之道。

02 最先掌握眼神

孟子在《离娄章句上·第15章》中有一段观察人的眼神，来判断人心善恶的论述："存乎人者，莫良于眸子。眸子不能掩其恶。胸中正，则眸子瞭焉；胸中不正，则眸子眊（mào，眼睛昏花）焉。听其言也，观其眸子，人焉廋哉？"这段话的意思是：观察人的方法，没有比观察人的眼睛更好了。眼睛是身体器官中，最能表露感情的部位。由于眼睛这种毫无遮掩地流露真情的功能，通过目视可以捕捉到面部表现出来的内心独白。事实上，虽说面部可以表现出人力复杂的情感，但表现出的情感并不一定都是真的。因为人们在一定程度上，可以调整自己的情绪，进而控制自己的面部表情。即使不开心的时候，也能表现出很开心的样子，反之亦然。可眼睛却不同于脸上的其他部位，眼神中流露出来的情感是无法作伪的。它能通过瞳孔的伸缩和大小变化等，来表达出内心的真正情绪。通过读取瞳孔的变化，就可以知道对方的想法和意图。

英国纽卡斯尔大学，利用设置在教职员食堂中的自动收款台，进行关于"瞳孔对心理产生的影响"的实验。其实验内容为，在饮料价格单上，贴上一张带有一对眼睛的图片作为监视的含义，用一周的时间观察人们是否诚实地支付。等过了一周之后，把那张照片被替换成花的图片。实验结果发现，贴上一对眼睛图片的时候，会比贴上花朵图片时，多收三倍的钱。进行实验的梅丽莎·贝特森博士表示，即使不用真人监督，单凭一张眼睛图片也能影响人的行为。也就是说，人的大脑会在无意识中，对所看到的事物做出反应。眼睛是人类五官中最敏感的部位，眼睛也是人类五官中，最诚实的一个。

眼睛所传递的东西

眼睛作为心灵之窗，是传递真情和信任的通道。所以，与他人进行对话或者转达自己思想的过程中，眼睛成为了最重要的媒介。观察对方眼神的变化，是识破对方内心想法的有效手段。虽然有很多读取肢体语言的技术和方法，但相对来说，也会产生很多的误读。但眼睛所传达出来的信息，却总是非常准确，可以成为最准确的信息交流途径。

因为眼睛与视神经连接在一起，所以可以根据其眉毛的跳动、瞳孔的扩大与缩小、眼神的方向等不同的变化，判断出对方正在使用的，是左脑还是右脑，脑海中浮现的是场景还是数字。若能熟练掌握与此相关的眼部语言，以及通过反复训练来提高其分析能力，就能轻易读出对方的思想。

眼睛说明一切

最为突出的眼部语言是闭眼。闭眼是人在感到威胁或碰到意外的状况时，做出的代表性行为。用手蒙眼也一样。是为了使大脑远离于那些场景的本能的反应。例如，当对方一拿出合同资料时，瞬间闭眼或用手遮住眼睛，就说明那份资料让对方感到不舒服了。在说服协商中，能看出对方如何接受外界的刺激，有利于占据心理的上风。因此，如何捕捉对方表露的情感，才是这一技巧的关键。

有时候，闭眼有可能是出于无视对方。尤其，双方谈判必要得出结论的状况下，如果对方表现出沉思的样子，就说明对方不想把时间浪费在这种谈话方式。这种反应对如何调整沟通中回馈的强度以及速度提供重要的资料。

CHAPTER 2
第二章　揭开对方的底牌

面部狰狞眯缝眼睛也说明对当前的状态感到十分不适。电影《教父》中的主演马龙·白兰度，利用面部歪扭的表情，表现出主人公所处的状况和心境。主演过很多西部电影的克林特·伊斯特伍德，在影片中利用眯缝双目来预兆不祥之事。

之所以眼睛比其他器官包含着更多的肢体语言，是因为人已被进化为出于保护瞳孔和眼部周围的肌肉，瞬间做出反应。偶尔也会有意识地去做出眼部语言，但在危机的一瞬间眼睛毫无疑问表现出人的内心以及脑海中的想法。正是出于这种理由，人们在对话中看到有人不敢跟自己对视，就判断对方要么是撒谎，要么是出于不便故意回避。但这种举动也有可能是当事人回忆某件事时的常见性动作，因此判断要谨慎。

当一个人回答非常简单的问题时，视线却转向侧面，大部分情况都是在撒谎或找借口。视线转向右侧的时候，会使用到大脑创意性区域，由此解释为是在想象或者编造谎言。抑或对方在对话过程中通过使用销售额、创业计划等与数字相关的固定词汇来表现出自己富有创造力的大脑活动，就说明对方正处在急于编造谎言的状况。

相反，视线移向左侧的大部分情况都是在摸索记忆。在此值得注意的一点是当回忆气味、触感等感觉的时候，眼神反而转向右侧。进行自我独白时视线转向左侧，准确地说通常是转向左下方的位置，但要注意这种视线也有伪装的余地。相反，眼睛瞄向右下方说明在回想情感方面的事情。一般也是通过这种方式回想过去快乐或伤心的记忆。

绞尽脑汁去想起某种记忆的时候，眼睛会向上看。眼睛朝向左侧则意味着回忆或进行某种评价。在向上看的时候，眼睛瞥向右侧，就说明在捏造谎言。以上皆为编造谎言时的常见现象。但也有可能因人而异。左撇子人就会出现相反情况。所以，平时要反复观察对方的习惯，以便提高准确度。

感到快乐的时候瞳孔会扩大，而感到悲伤忧郁的时候，瞳孔则会缩小。但由于对话时不易观察到对方的瞳孔变化，所以就需要观察整个面部表情的变化。

此外，视线向下时，大多数情况都意味着逃避、投降或顺服。眨眼过多则表明缺乏自信。对当前的状况感到压抑时，眼睛就会干涩，所以会出现眨眼或揉眼，以便通过刺激泪腺来润湿眼睛。这些反应都是由生理作用而产生的自然现象。如果能观察到对方的眼皮颤抖，就能成为一个很好地读出对方内心的方法。眼皮颤动的现象，经常会出现在被他人的话语所伤害，或者无法接受事情真相的时候。另外，在对话过程中，对自己的自我表达能力感到不满时，眼皮也会出现轻微的颤抖。为了使对方敞开心扉，在谈话过程中，要从这种现象中读出对方的感情。同时，根据不同的情况，要做到灵活切换谈话主题或推进谈话进程,给自己创造出更多的沟通机会。同时调节双方关系,把握对话的主导权。

03 让身体说出一切

几年前，在韩国京畿道富川市的某一家租碟店里，发生了一起杀人放火事件。119火警接到报案后，立刻赶到了现场并进行灭火。最后在店内地板上，发现了店主的尸体。当时，死者看起来就像是一个木乃伊，浑身上下缠绕着绷带，平躺在地上。仅从死者的外观，很难断定死者是否死于火灾，现场的警察也看出了疑点。根据验尸结果显示，死者的脸部、胸部、四肢等部位，都受到了严重的挫伤，多处出现骨折现象。最后，警方判断凶手就是为了毁灭证据才放了火。于是，警方立即进行了搜查。

警方从尸体的状态，判断出凶手并不只是单纯冲着钱来

CHAPTER 2
第二章 揭开对方的底牌

的，而是与死者有很大的仇恨，并且与死者彼此相识。于是，警方开始着手调查死者所接触过的人物。但并没有发现任何疑点。其中，最可疑的人物，也就死者的妻子和店里的服务员，这个服务员也是死者的老乡。可是妻子有不在犯罪现场的证明。虽然被怀疑与店里的服务员有暧昧关系，但也仅仅是猜测，并没有有利的证据。警方又得知店铺上了火险，但死者的妻子似乎对这一切并不了解。

负责此次案件的警察，觉得这个服务员，具有重大犯罪嫌疑。于是决定与他进行面谈。虽然尚未找到确凿的证据，但直觉告诉警察，服务员的心里肯定藏有不为人知的秘密。警察仅凭这一直觉，便请嫌疑人来配合调查，但等面谈开始后，却又不知道从何谈起。由于已经完成了调查，如果一不小心说错话，就有可能暴露出案件没有其他突破口的事实。

警察决定仔细观察对方的反应。如果那个服务员不是真凶，就会对这种面谈形式感到愤愤不平。在同样的情况下，一个无辜的人的反应会是"为什么要审问我"、"是否怀疑我与此案有关"等。但那个服务员却紧闭双唇，静静地坐在那里。对方的这种反应，更让警察确信，这个人肯定有所隐瞒。于是，警察一直保持沉默，观察对方的反应。

等过了三十分钟的时候，服务员开始变得心绪不宁。手脚频繁移动，脸上也出现了充满矛盾、不安焦躁的表情。观察到对方这种反应之后,警察觉得可以开始审问了。接着,用低沉的声音问道:"为什么那样做?"

这一句话打破了持续三十分钟之久的沉默,同时,嫌疑犯也不得不供认犯罪事实。

"他死了活该。"

为了掩盖内心深处的真实情绪,所建立起来的壁垒,顿时变得土崩瓦解。在此之前的,日积月累的愤怒情绪,终于被释放出来了。最后,他承认了自己就是真凶,并且交出录有行凶场面的录像带等证据。

事情的真相是,店主和服务员想以盗窃和火灾为借口,捞点保险金。没想到这场假戏引发了暴力冲突,最终酿成了这个惨案。

像这种不留任何证据和嫌疑的案件,很容易让调查陷入迷宫。保险受益人不是服务员,死者家属更是对此一无所知。如果凶手自己不说出真相,就很难破案。警察老练的直觉和由沉默引发的肢体语言,都为破案提供了重要的线索。这起案件充分证明,若想识破对方,就需要耐心地等待。

从肢体语言看出真相

为了从对方的肢体语言中看出真相，必须要仔细观察对方的一举一动。其中，应着重观察四肢的运动。因为四肢的活动，是判断是否情绪紧张的重要依据。

由于腿脚通常藏在桌子底下，所以很难观察到。但可以通过肩膀或衬衫所带出来的动态进行推敲。活动腿脚的情况，大可分为两种。若两只腿缠在一起，轻轻地上下左右移动，说明满足于现状。但因为时间紧迫或因为事情进展的速度慢，而感到焦急恼火时，也会动脚。这时，由于急于想逃离当前的状况，脚尖会指向出口的方向。如果对方的脚尖敲打地板或做出踢东西的动作，就说明对方不开心或不想再谈下去。

打开双腿可被释为是表现出自己的权威，或确保自己的领域。从对方那里受到威胁或者试图向对方进行施压的时候，人们会在无意识间打开双腿，试图加强对个人领域的统治权。双方意见冲突的时候，若对方做出打开双腿的姿势，便可以判断双方协商会长期化，并可以实施相关的战略。相反，如果对方翘着二郎腿，就说明对方处于平和的状态。人们通常对当前的状况感到满意，并从中获得自信时，才会翘二郎腿。

手臂的活动很容易进入眼帘。自人类进化为直立行走之后，手一直作为必备生存工具，被我们广泛地使用。人类本能地通过手臂为自己谋生，并在身陷危险时，保护头部和胸部。出人意料的是，臂部所传达出来的非语言信息，比其他部位更为精确。心情好，充满自信的时候，臂部就会抬得越高，其活动也变得更加活跃。但随着不安情绪的加重，手臂也会活动，但缺乏方向感，往往做出毫无意义的举动。

如果一个人把双手放在双膝或在双膝周围游动，说明想尽快结束面谈或会议。在现代职场，大部分上司会使用这种姿势，前后摆动身体，提示对方可以出去。如果在商务洽谈时，客户做出这样的动作，则说明对方今天不想再谈下去了。随之很可能想草草了事，推到下次再谈。因此，最好提前准备好应对这种反应的方法。

若能看穿对方焦急的情绪，那么就很容易操控整个氛围，取得谈判中的优势。如果对方紧接着另有安排，或受到上司的压力，那么对方往往急于达成共识，不愿意再进行讨价还价。在洽谈过程中，心理战往往会决定最终的胜负，焦虑的人必将以失败收场。

反之，如果客户对议案不满意，不想拖拉时间的时候，也可能会出现类似的反应。所以分析对方的肢体语言时，不能单纯地只看某一部分，而要考虑到对方的表情、语气、态度等，进行综合分析。为了达到这种目的，不是只关注对方肢体语言

CHAPTER 2
第二章 揭开对方的底牌

的变化,而要学会如何在与对方进行交流时,读出对方的心理。切记肢体语言只是作为一种辅助工具,难以摸出真相时,有助于进一步的分析。

04 身体不会撒谎

人们时常说谎话。有时，为了营造出对自己有利的情况，甚至会故意编造谎言。其撒谎的手法高明，旁人很难察觉。即便这样，较为敏感的人，依然可以凭直觉识破谎言。由于只是凭直觉或经验，并不科学，所以可信度也较低。

那么，到底要如何识破对方的谎言呢？其答案就是，不要太在意对方说话的内容或逻辑性，而是要特别留意观察对方的态度。通过仔细观察对方说话时，所表现出的态度，所使用的手势，视线的移动等等，捕捉语言和非语言之间不一致的表现，便能识破谎言。

对方在撒谎

英国的安美特博士，曾提出有关说谎者的四大典型的异常行为：第一，夸张地笑或面部肌肉不自然。如果对方维持同样的表情十秒钟以上，那肯定就是假的。第二，用手遮住脸或眼睛，或长时间闭着眼睛。有时候，频繁地眨眼也可以被视为一种说谎的表现。第三，双手不知道应该放在哪里，手势与说话的内容不一致。这是因为肾上腺素的分泌，导致心跳加快所表现出来的现象。最后，对问题的反应速度较慢。因为在进行对话的过程中，说谎者要不断编造出更多的谎言。

此外，也可以通过如下语言和非语言之间的不一致现象，辨别出真假。例如，一直说是左边，手却指向右边；嘴上说30亿元，却伸出五个指头。如果在证明自己真实立场的时候，手脚动作过于夸张，或者挠鼻子或后脑勺等动作，也表示其中有虚假的成分。当试图说谎时，血流速度加快，在脆弱的皮肤部位，会出现瘙痒现象，所以自然会去抓痒。

一般来讲，内心的"超自我"告诉人们不能撒谎。大部分人也尽可能地试着不去说谎。但在一些迫不得已的情况下，人们认为若不撒谎就无法保护自己，所以为了让自己免于受到伤害，会突然间说特别多的话，或试着转移话题。

习惯性撒谎

在周围，可以发现有些人连眼都不眨一下地撒谎。除反社会性人格障碍的情况以外，一般都是习惯性撒谎。作为典型的自我心理防御机制之一，撒谎通常被用作为进行自我合理化的工具。在触手可及的情况下，人们在进行思考做出道德伦理化的判断之前，出于防御，大脑和神经结构会先做出反应。为了急于逃脱眼前的状况，人们会不由自主地说谎。

这种习惯性的撒谎是从自小学习而来的。主要是通过父母对自己说的谎言，体验到撒谎的作用。比如，父母答应孩子吃完药就可以出去玩，可孩子发现自己按照父母的要求吃了药，也没见父母带自己出去玩，便大失所望。父母这种不守信用的举措会使孩子觉得说谎是一种可以实现自我意愿的方法。当这种经历得到反复之后，即使孩子长大成人以后，也会觉得撒谎是处理危机的最为顺手的方法。他们认为撒谎并不是不好，而只是解决一些状况的有效的方法，所以，即便自己满口谎言，也并不受任何的良心谴责。也时常会说无须的谎言。

被称为"人肉测谎仪"的美国心理学家保罗·埃克曼通过利用肢体动作理论率先提出了"Hot Spot"的概念。Hot Spot意指表里不一或指虽没有隐藏神情，却有与表述的内容相矛盾的现象，又称为设想超前的标识。也就是说，人在撒谎的

CHAPTER 2
第二章 揭开对方的底牌

时候，会表现出与平时不一样的变化。当然，读出对方的hot spot并不一定说明对方在说谎或别有意图。其意义在于提示需要搜集更多的有关情报来证明对方所提出的内容。

举个例子，犹豫不决，及时回答不上来或者啰里啰嗦反复同样的内容就说明对方正处于很难的处境，无法胜任。需要当场编造出谎言或者在确认是否前后内容自相矛盾的时候也有可能出现类似的现象。当对方双臂交叉在胸前，身体向后倾斜或向后退一步采取防御性的动作，说明对方正处在察言观色的状态，以免自己被揭穿后受到伤害。

警方审问嫌疑犯的时候也常常遇到这种情况。嫌疑犯经常会做出观察四周或玩弄自己的手等动作。这说明嫌疑犯内心充满不确定性和不安感。但也不能全盘否认嫌疑犯的话。因为接受审问确实是一件令人紧张的事情，所以即使对方没在撒谎，也有可能做出类似的动作。

审问过程通常始于嫌疑犯的谎言，终于嫌疑犯的自相矛盾。在初犯的情况下，当嫌疑犯认识到自己话语前后矛盾的时候会马上说出真相，告白自己的罪行。老练的前科犯会表现得泰然自若，绝不惊慌失措，一再否认自己的罪行，但也撑不了多久。

连环杀人案凶手刘永哲被拘捕时也一口否认自己的罪行，

反倒大吵大闹地叫警方交出证据。警方拿出从他随身物中搜出的死者的东西等物证，他仍不降服，而是用刚才所编造的谎言蒙混过去。但最后警方指出他撒谎时表现出来的行为特征，并揭露话语间的矛盾之处的时候，他终于被折服了。面对警方犀利的分析，他觉得自己没有退路了。于是，他不得不承认自己的罪行。

05 观察是最好的测谎仪器

试给两名女性看一部喜剧片,并要求在结束后做出电影内容简介。但要求其中一人如实按照电影内容介绍,而要求另一人做虚假陈述。当把两位的陈述过程拍下来分别给正常人和语言中枢神经障碍的人群,并要求他们分辨真假。

其结果很是意外。百分之五十的正常人看出真假,反倒百分之七十三的语言中枢障碍者识破谎言。人一旦在语言中枢神经出现问题,几乎无法听懂对方的话语。但实验却发现这群人揭穿假象的能力高出正常人。究竟什么让这些神经障碍人成为"人肉测谎仪"呢?

为了找出影响揭穿谎言的重要因素,美国马萨诸塞州总医院和旧金山大学共同进行了研究。研究结果发现非语言要素比语言能力更能影响识破谎言。正常人只注重于听取对方所说的话，并判断其内容是否符合逻辑。但语言中枢有障碍的人虽然不知道对方在说什么，但可以通过对方的嘴型、态度或手势等来判断真假。

人们通常通过言语进行沟通。所以，自然而然会注重言语本身，试着从中获取线索。但只讲求言语就很容易忽略对方所表现出的非语言信息。与别人进行交谈的过程中，不仅要倾听对方的话，更要注意观察对方的行为或者习惯性动作。言语只是对方为了证明自己的观点所需要的道具。

从肢体语言中看出破绽

目前，有许多通过观察肢体语言识破谎言的方法。但也不能只靠一两个与撒谎有直接关联的动作或姿势就断定对方在撒谎。这种一刀切的方法很危险。一旦从对方的肢体语言中发现了可疑点，最好把它视为一种线索，通过搜索更多客观情报去进行核实。

正如之前所说，面部是反应内心情感的重要的身体部位。腿脚和眼睛一样，在身体中最能反应真实情感的部分。《裸

CHAPTER 2
第二章 揭开对方的底牌

猿》的作者英国动物学家兼人类学家莫里斯曾提到："人的脚与其他身体部位相比，最能如实传达一个人的思想和感觉"。

事实上，人从小开始就懂得按照情况所需摆出表情。因为他们认为根据自己真实的体会和感情摆出表情是一件很失礼的事情。所以，当对方看出自己的内心之前，通过表情来掩盖自己。

然而，腿部的动作就不受人们的控制。可能是因为腿脚本身知道自己通常被遮住，所以会如实地反应出人们的情感。在对话过程中，如果对方的双手交叉在胸前或者翘着二郎腿，就有必要怀疑对方正用撒谎的方式来保护自己。假设对方在撒谎，对方翘二郎腿会看起来很不自然，腿部的肌肉会紧张起来，把一只腿直翘到另一只大腿的上方。

把握对方翘二郎腿的时机也很重要。如果对方是真情实意，即便翘着二郎腿，碰到难题则会把腿放下来，身体也会向前倾，说明自己在集中思考问题。而撒谎的人仍翘着二郎腿。

此外，撒谎时所表现出的肢体语言有对话中避免对视，甚至有时候试图和对方目光接触也是一种说谎的表现。另外，比平时有明显过多或过少的肢体动作，总去触摸自己身体的某部位，用手遮着嘴或咬唇，不停地眨眼，时常咽口水，揉眼睛或做出好像眼睛里进东西似的动作等。

不时地抖动臂部或不住地挠挠头等动作也被视为撒谎的征兆。但也有些人习惯地做这些动作。对他们来说，这种肢体语言和说谎毫无关系，而是由于其他兴奋、过分投入、紧张或受压力等原因表现出来的。因此，不要轻率判断对方。一定要谨记当对这种常识性的动作进行绝对化的时候，很容易出现错误的解读或产生误会。

为了捕捉到对方的非语言行为，应具备观察能力。只有通过了解对方的日常行为特征或习惯性行为把握好判断基准点，才能对一时的变化有所感知。因此，面对初次见面的人试图解读对方的肢体语言有所困难。尤其像在商务协商一样如此重要的场合中，即使捕捉到对方带有虚假成分的行为特征，也不能表现出对对方不信的态度。一定要经过反复的验证过程，不然一个小小失误会造成很大的损失。单凭一两次的观察是无法解读对方的肢体语言，所以要通过不断的验证和努力，培养一眼识破对方的直观能力。

如果察觉出对方有可能在撒谎，那么可以在自己有把握的主题中向对方提出有可能作假的提问，观察对方如何表现。之后，可以通过营造较为舒适的氛围，再观察对方的反应是否仍与之前相同。要分辨出对方是否对特定的话题敏感还是源于单纯的习惯性表现，才能避免错误的分析。

最后，如果碰到在现场无法确认的内容，要记住对方当时的反应和答复。事后，通过与客观资料作比较分析再分辨真假。若在分析过程中发现虽然肢体语言是假的，但当时对方所说的话或所提供的资料是真的，大可以忽略不计。但如果是在带有可疑性的部分中碰到了如此情况，等下次见面的时候，依然可以成为一种有用的判断指标。

测谎仪的角色

测谎仪之所以能告知真假并不是因为它本身带有魔力，而是在把握对方日常行为特征的基准以后，根据对方受到的刺激来感知异常反应。再通过贴在身上的感知元件，测出心跳、脉搏或出汗等在紧张或恐惧的时候出现的生理变化。

在犯罪案件调查中，测谎仪发挥其重要的作用。但事实上，法庭尚未把它所提供科学根据视为决定性的证据。目前，只是作为一种补充证据使用。

相关领域的专家主张测谎仪所测出来的结果有将近百分之百的可信度。他们认为由于在测谎过程中所提出的问题与案件无关，其中包括与案件无关的提问，与案件有关的提问以及只有凶手才能知道的犯罪知识提问等，所以完全能相信测谎结果。如果测谎过程中所提出的问题如此极为细致，就可以排除大部分人所担心的个别差的问题。因为测谎仪的主要功能是读出个人的程序（Modality）上的变化。

例如，如果嫌疑犯不是真凶，当被问到与犯罪无关问题时反倒会出现虚假反应。假设嫌疑犯被问到是否曾经背叛过朋友，那么仪器会读出当事人复杂的心境，即便嫌疑犯与案件无关。因为换了任何人对这种有关背叛的问题都会表现得敏感，脑海里肯定会浮现出各种想法，而这种复杂的心理进一步表现出异常反应。但换做一个对案件有所隐瞒的人，根本不会对此类问题感兴趣。对这种人来说，如何摆脱当前的危机状况才是最为棘手的问题，根本没有精力去顾及其他的问题。

相反，当问到与案件有关的问题时，其表现刚好相反。一个与案件无关的人被问到与案件有直接联系的问题的时候，没什么特别的反应，而一个知道隐情或对案件有所隐瞒的人会露出急剧变化的表现。而在这时，针对之前所提到的问题所表现出来的反应会成为一种检验基准。在这里只是简单说明，但在实际操作中，专家会通过更加繁琐复杂并且极具科学性的心理学理论进行分析。

犯罪知识提问中所列出的问题，没有犯罪经验的人根本无法知道。假设在贪污案中的行贿金额达三千万韩币。而在提问时问对方是一千万，两千万，三千万还是一亿。如果对方与此案件毫无关联，也不知道贿赂金额有多少，那么随着数额的加大，对方的反应也会变大。但如果与这三千万的数字有关联的人，在提到三千万的时候会有异常反应。同样，可以利用不同凶器来观察对方的反应。

测谎仪通过此类质问手法检测不随意肌（指没有意志参与的，即不随意活动的肌肉）、心跳数、脉搏等的变化。因此，在电影《谍海计中计》（The Recruit）中，美国中情局的特工间谍都会接受克服测谎仪的训练。此外，在许多谍战影片中，可以看到特工逃过测谎仪的惊心动魄的场面。可想而知为了逃过测谎仪，他们需要付出多大的努力才能控制自己的意念。

无须测谎仪揭露真相的方法

在无法使用测谎仪的日常生活或商务谈判中，可以使用发言分析法来分辨真假。作为分析对方肢体语言的最后环节，发言分析法通过倾听对方的话，再根据前后状况进行逻辑处理。

撒谎的人的重要特征之一就是碰到细节上的问题就会转移

话题或东问西答。这是因为担心自己出错以及想逃避自己撒谎的现实本身。对方讲话的时候不按照事情发展的顺序或者在前后内容相矛盾，就可以被看作是一种撒谎的征兆。如果对方使用"事实上"、"实际上"、"不是说谎"等在日常生活中不太会被使用的单词，也有说谎的嫌疑。

最后，值得注意的一点是对方同样也为了分辨是非，观察我方。为了得到对方的信任，尽量地使用能表现出积极真实的态度的肢体语言。对方讲话的时候，身体要稍微向前倾，让对方知道自己在认真听讲，或者用柔和眼光去看着对方，再或者手掌朝上自然搭在桌上等姿势都能表达出自己友善，毫无攻击性的一面。

尤其，对方有双手交叉在胸前，故意避开视线，左嘴角微微上翘冷笑，头微微向侧倾，斜眼看人等表现，都说明对方在怀疑我方的真实性。所以，这时更是需要用积极的表现向对方表明自己真实的态度。因为只有让对方解除戒备，才能获得有用的情报。

一个谈判高手不会选择先去判断对方是否值得信赖，而是自己先敞开心门，通过一系列积极的肢体语言，主动向对方表示自己的诚意。这即是一个高手获取对方信任的心理技术。

06 从容对待对方的谎言

识破对方撒谎之后，接下来你应该如何反应。通常人们在确定对方撒谎后，就会动用自己的表情和行为，迫不及待地想让对方知道事实。这种表现也是一种显示自己居高临下的地位的本能行为。对方会立马看出不对头，并开始利用新的肢体语言来进行掩盖。若在谈判中反复出现这种情况，对双方建立关系毫无帮助。

为了从对方身上获取更多的情报，一定不能让对方知道被揭穿的事实。对方同样会时刻观察我方的举动。为了建立彼此友好的关系，需要学会意识性地控制自己的感情。但是控制感情，不露声色并不是一件容易的事情。如果可以学会控制自己的情绪当然最好，如果觉得困难，就要侧重于训练隐藏情感变化的方法。

不露声色的技术

人在情感上有所变化时，会不由自主地发出信号。如果对一个人感到不满或火冒三丈的，就会产生一种很强劲的表现欲。但又不能当面跟对方说，而在无意识中会通过一系列的表情或行为暴露出来。

尤其，造就表情的面部肌肉由于大部分属于不随意肌，很难去控制。因此，如果心里感到有一股表现自己不满情绪的欲望，建议低头假装看资料或稍微回避一下去趟洗手间。也就是自己的脸部肌肉变得僵硬或者露出带有不满情绪的表情之前，提前处理这种尴尬的局面。只有懂得如何控制自己的情绪并能很好地进行掌握处理，才能不被对方带乱。

那么当知道对方说谎的时候，如何进行反攻呢？最简单的方法就是向对方问细节题。这种提问方式随着自己不同的角色扮演或与对方处于对等关系略有不同。

如果我作为甲方，需要彻底地掌握对方的真假性，需要向对方投射细节上的问题。提问过程中，也要注意措辞和口吻。

例如,"不好意思打断一下。麻烦您能再重复一遍吗?刚才没听清楚。""我觉得您刚才讲的和之前提到的内容好像有一点点差异。"在掩盖自己的感情的情况下,尽量让对方觉得自己别无他意,只是出于好奇的态度。也就是让对方明白自己说话的内容缺乏一贯性和准确性。

当然,这种提问方式也有可能引起对方的不满。但只要发现有虚假的迹象,就一定要进行确认,绝不能草草过去。这种刨根究底式的提问方式会让对方感到不安,各种异常反应也开始出现。说话结巴、严重抖动身体或突然发脾气等反应都属于正常范围。这种肢体语言,都是因为自己承受不了压力,而出现的下意识反应,说明对方正处于焦虑的状态。

相反,自己作为乙方,与对方处于同等地位的情况下,把握对方的底细才是关键。已经能够得知对方缺资金的情况下,对方却自称财政方面不成问题,表示愿意耐心等待的态度,这时,则需要留意观察对方的肢体语言。

即使捕捉到了对方在提及财政的时候出现的虚假反应,也不能揪着不放。只需要相信自己的判断,并坚持下去。虽然在追究对方的过程中,能得到心理上的满足,但反复的次数多了,氛围难免会变得僵硬。"如果贵公司不缺资金,那我们就无需准备额外的现金。"面对我方的这种态度,对方不得不袒露真相。

学会"装"

当警察审问嫌疑犯时，通常会表现出自己对一切都了如指掌的态度。但有时，自己心里知道对方说谎的事实就足矣，无需表现出来。有的时候后不让对方知道自己已被暴露的事实反倒会更有利。在犯罪审问中，故意让嫌疑犯觉得自己撒谎成功，诱导嫌疑犯在自满状态中做一些其他追加行为，最后在关键时刻进行逮捕。如嫌疑犯有其他共犯或背后势力，就假装什么都不知道是上策。

尤其，获得了对方想隐瞒的线索或对方使用激将法的时候，仍要维持面无表情的状态。侦讯过程如同一场心理游戏。面对对方的刺激，一定别让对方察觉出自己的意图和情报。所以，一定要沉着应战。调查过程中，即使嫌疑犯油腔滑调，想方设法逃过一劫，也不要因为一时的冲动导致失败。

有关凶手或共犯的十个线索中只掌握了其中三个的情况下，如果嫌疑犯讲出新的东西，警察心里会感到如发现新大陆般的喜悦。但作为心理分析师，如实地表现出自己的内心情感，对方马上会收场，不再细讲。之后，就很难再碰到嫌疑犯

CHAPTER 2
第二章　揭开对方的底牌

自己开口的机会。

只掌握如何掌控情感的要领是远远不够的，唯有不断训练才是硬道理。在犯罪心理分析课程中，通过不同角度模拟侦讯过程，进行智力训练。因为有些老练的嫌疑犯很擅长刺激审问官，所以必须彻底进行准备。他们会利用语言暴力攻击对方，例如，"一看就知道你是新手"，"你个小小警官懂啥"，"就凭你这样的是抓不到凶手的"等。或者故意攻击检查官的身体缺陷，甚至有时候还辱骂警察家属。

不管对方怎么施展攻击，检查官仍要耐心等待，坚守阵地，直到对方敞开心门。只要经过充分的训练，这些人身攻击都不成问题。甚至，对方往你脸上吐唾沫，也会不动声色地擦掉，继续进行审问。

检查官面对嫌疑犯的时候，要不断暗示自己：那个人根本不是我的对手。他为了保护自己，任何事情都做得出来。所以，不管他怎么刺激，我都会无动于衷。我坐在这里只是为了获取情报。不管他怎么折腾，都要无视。只知道自己该做的事情就好。

只要凭这种信念，不管对方怎么进行人身攻击，都不会动摇。只要会"装"，都无须进行情感调节，就可以打败对方。

CHAPTER THREE

第三章
让对方说出实话

01 让对方供出所有

侦讯过程中，心理分析师的任务，就是说服嫌疑犯，让对方自白。作为一名犯罪心理学分析师，应具备的最重要的技术是尽可能把对方引向畅所欲言的状况。开始侦讯嫌疑犯时，心理分析师对案件和周边状况有大致的了解。所以在侦讯过程中，心理分析师主要引出对方的自白或获取其他的线索。接下来的环节中，心理分析师通过解除嫌疑犯心理上的抗拒以及一系列的说服过程，让对方坦白真相。之所以对方能够说出真相，或提供一切有关的内容和证据等，就是因为在对话过程中，心理分析师进行了不断的说服。

作为心理分析师，一旦开始面谈，至少会持续两至三个小时以上。在这段时间内，心理分析师要通过已经选好的问题，进行探底以及获取情报。由于刚开始的时候，大部分的嫌疑犯会表现出非常强烈的反应，所以想让对方屈服，需要投入一定的时间和精力。

特别是犯罪经验比较丰富的嫌疑犯，在接受审问的时候，他们的反应往往较为平静，因此要花去不少的时间。随着时间的延长，他们会慢慢发觉，心理分析师尊重他们，愿意倾听他们讲话，最终就会敞开心门。犯罪心理分析师不但要具备感化对方的能力，还要通过耐心来赢得对方的心。

把对话的占有权交给对方

在商务协商中，"7∶3法则"被广泛使用。这一法则的核心，就是将百分之七十的话语权交给对方，让对方觉得自己占据了对话的主导权。并以此为铺垫，获得自己想得到的情报。大家容易产生这样的错觉，仿佛在话语权上占有优势的一方，同样也处于谈判的上风。但掌握话语权的一方往往因为发言过多，会在不经意间暴露弱点。并且，如果把时间浪费在与协商无关的话题上，会降低业务效率，给对方留下不好的印象。所以一定要注意运用"7∶3法则"。

协商是一种为了达成共识，进而彼此打探对方底细的调解

CHAPTER 3
第三章 让对方说出实话

过程。话多的人便会错过观察对方的机会。因此，在进行协商的时候，最好把话语的主动权让对方。利用对方说话的机会，认真观察隐藏的情报。

侦讯过程中也应尽量让对方多说话。如果遇到了一个谨慎内向的对手，可以将把对话主动权比例提升至5：5，帮助对方接续下去。根据不同情况，也有可能出现，需要心理分析师主导话语权的状况。但大部分情况都应该让对方主导对话，心理分析师主要担当提问的角色。而在这时，最多可以将九成的对话权让给对方。

在以嫌疑犯的陈述为调查核心的案件中，往往会使用这种方法。为了获得更多的情报，可以按照对方的意愿来进行对话。与这种审讯方法相对立的，就是诱导审问。但因为诱导审问法需要判断情报的真假，所以危险系数较高。

列举一个诱导审问的例子：
"上周二晚七点是不是去了新堂区的别墅？"
"记不太清楚。"
"你去过，对不对？"
"呃，是去过。"

像这种先让对方知道情报，再让对方说出肯定或否定答案的审问手法，虽然效率高，操作容易，但可信度却不高。事后对方有可能会翻供，甚至在陈述过程中否认自己说过的话。这时，那些陈述就会变得毫无意义，反倒成为一个打乱审讯流程的隐患。

当他人愿意倾听自己的话语时，我们的潜意识中会感到满意。这时就会降低对心理分析师的戒心。在心理分析过程中，只要把这种想法注入到犯罪分子的心里，犯人往往会主动提供有用的情报。心理分析师不会刁难或轻蔑嫌疑犯，更不会直接压迫或警告对方。反倒为了让嫌疑犯觉得自己跟对方站在一条线上，尽可能以温和的态度接近对方，以便营造更适合进行交谈的氛围。在这种情况下，尽可能迁就对方多说话，也能获取情报。

心理分析师尽可能让对方多说话的另一个原因，就是为了判断真假。无论是在犯罪调查还是商务谈判中，一旦暴露了己方的信息，就很容易失去主导权。只有保证在对方不知道自己底牌的情况进行对话，才能保住自己的地位。有人认为，在韩美自由贸易协商中，面对过热的媒体言论报道，提前显露自己的底牌，才最终造成对方占上风的局面。

先暴露自己底牌的一方，决不能再按照原计划进行协议。确定对方底线的一方，则要想尽办法，尽快将对方逼上绝路，以最有利条件进行商洽。如果事先知道了对方可让步的底线，就可以做好充足的准备。在协商过程中，已经揭开自己底牌的一方，会错过战略性让步的机会，最后的协商结果只能按照对方的计划展开。

如何

如何诱导对方多说话呢？首先，选一些令对方感到轻松的话题，形成心理上的共鸣。也就是建立融洽的关系，通过慰抚对方的心理缓解对方的紧张情绪。这时，天气、旅行、最新热点新闻、体育运动、人生百态等都能成为很好的话题。

如果觉得对方多少放开，可以继续实施"打通技术"canalization。其字典意思为"开运河"。这一过程中，通过打开对话的闸门，就是指打破沟通的壁垒，就像打通堵塞的地方之后，会产生新的水流一样，不断向对方提供说话的机会，给对方注入说下去的意念。不用多久，对方愿意共享自己知道的一切。

对话占有权要让给对方，同时也要利用自己说话的时间进行提问。这时的问题尽量简明扼要，并要使用能够让对方自己主导下去的质问方法。审问嫌疑犯的过程中经常使用的质问法有"请讲出您对这起案件所了解的一切"，"能说点有关死者的一些东西吗"等。心理分析师作为一个提问者，扮演激起对方心理变化以及陈述的角色。这时，拿到接力棒的对方只能想尽办法答出来。

如果这一过程有效率地进行下去，也有可能在此阶段结案。面对心理分析师犀利的提问方式，嫌疑犯不得不投降。但也有为了躲过危机，使出最后挣扎的嫌疑犯。由于在此过程中，撒谎或吐露不重要的情报，都有助于最终破案。犯罪心理分析师不仅要让嫌疑犯自白，而且要从中获取有用的情报，来引导调查方向。

在商务场合上，沉默是一种让对方感到不安的战略。对方为了找出这种沉默的意义，不断思考如何去处理应对。然而，接受对方提出的条件或资料时保持沉默会很危险。因为若被对方看穿保持沉默的原因，主动权会自动转到对方那里。只有懂得灵活使用对话和沉默的人，才能掌控整个协商过程。

CHAPTER 3
第三章　让对方说出实话

02 变形提问法

听说"把妹达人"（pick-up artist）这一词吗？最近，在韩国，这一人群的数目正在上升。把妹达人就是指一群通过系统化学习、实践，来不断完善搭讪（把妹）技巧的男人。他们"勾引女人的技术"有很多种。其中，双重束缚提问法（double bind）非常管用。顾名思义，就是向对方提出双重请求，来达到自己的目的。大部分把妹达人都会利用这种方式赢得对方的心。

举个例子，人们在邀请自己中意的女孩约会时，一般会说："你有时间吗？如果有时间一起喝茶吧？"这时，对方会只有两种选择，要么答应，要么拒绝。也就是说，当你邀请对方时，被拒绝的概率已经有一半了。

相反，把妹达人会问："介意一起吃饭吗？要不一起出去喝一杯也行。"面对这两种邀请，不管对方选哪个，都是接受约会的请求。如果对方说没时间，就建议对方一起喝茶，不给对方留有拒绝的时间。就是说不管跟对方做什么，重要的是一起度过一段时间。

人在潜意识中，会做出拥有逻辑性的回复。当被问到"A还是B？"的时候，如果回答"No"，总会有答非所问的感觉，所以经过犹豫之后，最后还是会做出选择。这时，再向对方提出比较容易接受的约会场所，对方接受的可能性更大。双重束缚提问法正是采用这种二选一的提问方式，来得到对方赴约的答复。同样，心理分析师也可以通过多样化的质问法，让对方不得不给出答复。在这方面，两者是一脉相通。

开放性提问法

在侦讯嫌疑犯的过程中，为了得到嫌疑犯的协助，一般会使用开放性提问法。在没有得到任何情报的情况下，根据对方的反应，也可以使用变形提问法。只有嫌疑犯肯开口，才能得到关键性的情报。

所谓开放性的提问法，就是在内容以及主题上跨度较大。例如，"认识死者吗？""上周三做什么了？"或"说出与案

CHAPTER 3
第三章 让对方说出实话

件有关的一切"。对这种提问法，嫌疑犯的反应也会大不相同。有的人看似认真进行说明，但仔细一听就会发现，他故意漏掉了关键的部分。又有些人只说不知道或想不起来之类的话来敷衍了事，甚至还有人拒绝回答。也有些人毫无反应，一直守口如瓶或因为做贼心虚而招供。

最常见的情况就是故意漏掉重要信息的例子。但这些人在心理分析师面前还是会说出真相。一名出色心理分析师甚至被称为"笑面虎"。这是因为始终以目的指向性的态度，彻底隐藏自己的情绪变化。

对一些开放性提问法不管用的人，则会采用变形质问法。"最后见到死者是什么时候？""陈述一下上周二到今天的行踪。"实质上，跟第一个问题是一样的。只不过换一种方式而已。但老练的心理分析师会采用更不一样的形式来缩小范围，不断进行推敲，给对方施加无形的压力。也就是把对方推向只能想到同一问题的情况，观察心理变化。

"谢谢您。感谢您给我们提供了不少帮助，但我不太明白的一点……"

"如果我没记错，您好像没讲过这部分的内容吧。可能是因为我的疏忽，麻烦您能再讲点吗？"

用这种委婉的请求会让对方十分难堪。因为总提自己不愿意讲的内容。但看在两个人之前所建立的关系，总不能什么都不说。万一对方还是故意保留重要的信息，可以利用不同的方法反复进行提问。

"这太感谢您了。不过我还是对这一部分有疑问。您能回想当时的情况，说的再仔细一点吗？"同一个意思通过不同提问形式，不断提出疑问直到得到满意的答复为止。"

反复的次数多了，对方有可能会发脾气。如果问题总是涉及对方不想提的那一部分时，对方会因为被逼无奈，会不由自主地提高嗓门甚至拒绝回答。

"我说了多少次了，你听不明白吗？"
"干嘛反复问同样的问题，我没什么可说的了。"
那这次就换成一问一答提问方法。也就是提示对方自己有所了解，慢慢缩小问题范围的过程。
"哦，是吗？不过以我所知，上周五七点整，您在逛乐天超市。对吗？"
一听到具体的细节，对方肯定会受到惊吓。
"你怎么知道的？"
"毕竟是我们的职业，对吧。"
"哦，对，是是是。"

CHAPTER 3
第三章　让对方说出实话

　　差不多到了这一步，对方已经中计了。说明对方故意隐瞒的事实被暴露了。当对方试图用"其实我想说来着"或"不是故意隐瞒"等话，来进行挽回的时候，可以追问："那之后到底做了什么？"那么范围就更加变小，对方也不敢再耍小聪明。之后，再反复进行同样的过程，嫌疑犯自然会判断出自己已经无法逃避了，只能告知真相。

　　嫌疑犯也有可能一直沉默到最后也不肯说出来。常常出现一直否认到最后的情况，但几乎没有拒绝陈述的情况。根据韩国文化特性以及犯罪分子的认知心理，沉默可被看作是一种承认罪名的表现。因为他们认为拒绝陈述会加重自己的量刑。

　　实际上，履行沉默权是一种非常极端的决定。因为认为如果自己不协助调查，警方找不出证据，自己会无罪释放。但自己的罪行得到证实，心甘情愿接受审判。也就是对自己下赌注。单凭精神上的力量是很难做出这样的决定。因为在不知道警方是否能证明自己的罪行之前，按照正常人的心理，会想尽办法转变状况，逃过一劫。

　　刚开始审问的时候，大部分人会选择保持沉默。但因为被警方带走所带来的羞辱或憎恨等情绪，也会慢慢得到缓解，很快就会开口。所以，针对这种在乎面子的人，要先为逮捕过程中发生的冒犯行为道歉，对方便很容易开口。由于对国家、社会或政府充满不满情绪，这类人一旦开口，就会说个不停。

讲求自然的变化

心理分析师在审问过程中所使用的对话方法，也可以在商务谈判、说服顾客以及解决组织内部矛盾的时候使用。例如，假设得知对方公司严重缺乏资金。那么在谈判中，尽可能地利用对方这种弱点，对方肯定会想方设法地隐瞒实情，提出有利于自己的条件。但也不能直白地攻击对方的弱点。例如，"既然贵公司想跟我们签合同，不会是因为公司资金周转不过来吧？""听说最近贵公司资金周转出现了问题……"这种过激的方式是不可取的。对方有可能立马掉头走人。因为弱者也有自尊心。

因此，在确保不会冒犯对方的前提下，自然地引出对方心理上的变化，才是有利于自己的选择。这时候可以使用变形质问法。虽然彼此都了解实情，但有一方试图回避特定的问题时，直接进行追问可能会冒犯对方。所以，采用多样化的提问方式让对方说出真实。

前文提到了双重束缚提问法在犯罪心理学上，也是一种很常见的沟通技术。如果嫌疑犯只是简短地回答是或者不是，很难获取线索。这时，把问题换成"为什么杀了"，对方无法再用简单的"是否"来回答。当只有自己才知道的秘密，被公诸于世的时候，人们会显现出自己的真心。在心理学中，双重束缚常常在分析精神分裂症的时候使用。

即使是同样的问题，也要尽量通过改变切入点、深度、措辞等，不要让对方觉得反复。面对带有不同修饰，却有同样实质的问题，对方也会不断进行思考。在这个过程中，对方会感受到很强的心理压力。心想："怎么还咬着不放呢，又好像知道点什么。要不要直接说出来？"但是，如果提问的技术不高，则会招来对方的不满或反抗。所以，要时刻注意对方的反应，并且要做出适当的回应，灵活地进行调解。

03 用和睦关系打开对方的心

有一次，负责调查一宗与宗教有关的杀人案。这一宗教被视为异端，但在韩国全国范围内拥有很多教堂。最后，查明是该教的某一信徒，杀害了长时间质疑此教正统性的教授。根据当时的情况，警方也怀疑是一起杀人案。但嫌疑犯一开始就说，都是自己的责任甘愿受罚，接着拒绝陈述。

这种情况最需要的，就是与当事人进行对话。"好。知道了。不过我想了解你。总不能让这种事情再发生吧。"以这种与案件无关的主题作为切入点，开始了长时间的对话。由于对方知道自己的过错，也对死者感到悲伤，所以先从心理负担较低的话题开始。

任何人都容易接受童年趣事、梦想、兴趣爱好等话题。由于嫌疑犯从小就好看书，也是通过书上接触到这一宗教。当谈起读书的时候，他好像忘了自己现在的处境，开始说起自己的肺腑之言，也就是掌握了对话的主动权。通过倾听对方的讲话以及尊重人格，彼此之间形成了友好的关系。

发现对方已经敞开心扉的时候，则将对话的内容逐渐引向案发当日。这时候，氛围有可能再次变得沉闷，但由于之前所表现出的态度，所以态度不可能出现骤变。只要这一扇门被打开过，就很难再关上。当然，也会出现心理上的抵抗情绪，如果反应过于激烈，则只能停止。最后，他承认宗教团体的中坚干部，指使他去杀人。

越过车辆减速带

侦讯中最困难的，就是嫌疑犯把包括分析师在内的所有警官，都视为敌人，坚持守口如瓶。如上面的例子，为了保护宗教信仰、政治思想或自己的组织，什么都不肯说。即使再困难，也不能失去耐心，一定要在尊重对方的人格和自尊心的情况下，进行对话。

有时候，那些不肯配合的嫌疑犯开口的可能性更大。因为他们更容易受到感情方面的影响。表现叛逆或抵抗情绪的人，是因为平时受到了不少委屈和伤害，所以肚子里有一肚子的话等着说。

犯罪心理分析，需要冷静的分析能力，以及犀利的判断能力。为了从对方口中获取线索，也要解除彼此之间的隔阂，以及建立融洽的关系。为了达到这一点，需要努力理解对方，用词谨慎以及耐心等待。如果把整个破案的过程比作跑高速公路，那么让凶手自白，就如同驶过车辆减速带。毕竟向陌生人敞开心门、承认错误、说出自己的秘密，并不是一件容易的事情。

之所以将犯罪调查中，使用的"审问"、"追查"等词汇，换成了"采访"、"面谈"等说法，也是为了尽量顾及对方的感受。因为知道只有通过打动人心获取的证词，才是真实有价值的。

在商务场合上，每个人都按照各自的利益所求进行竞争，所以很难真诚地进行沟通。

但可以在兴趣或人生经验方面，找出双方的共鸣，所以我们依然可以找到真诚沟通的办法。由于事先已经进行了心理工作，即使再谈到公事，对方也不会态度骤变。所以，双方很容易达成共识。

只靠利用或打败对方的想法接近对方，就很难产生共鸣。在面谈中，为了与嫌疑犯形成共鸣，犯罪心理分析师要尽可能地尊重对方。大部分的命案凶手，都是在感情处理方面，不太成熟的人。他们倾向于擅自判断或主张。如果身边也有人对他们进行开导，引向正轨，他们也不至于落到现场这种地步。

杀害十三名无辜百姓的连环杀人犯——郑南奎，也是因为在青春期，受到了性侵犯的创伤，才走上了这条不归路。小时候受到严重精神创伤的人，很难适应社会生活，这些人往往都生活在极度的自卑感之中。最后，为了向社会报仇，专门对那些处境跟自己差不多的弱女子行凶。一个极为特殊的事情，并不能成为正当化的理由。但从某种意义上来讲，他也是一个被害者。所以，心理分析师要看出这一点，在各种消极感情上，也要跟别人共享。

不要一个人硬撑

协商是围绕着双方共有的问题，找出解决方案的过程。
因此，在防备状态下，不可能了解对方，更不可能从对方身上获取任何线索。说服的人和被说服的人，既是竞争者，又是同工。只有这样，才能相互迁就和包容。这时最重要的接近方法，就是进行能够产生共鸣的对话。商务谈判中，彼此之间也需要沟通，所以通过彼此的尊重、包容以及照顾，才能得到圆满的结果。

也不要坚守有利于自己的观点，要找出能够让双方都满意的对策和方法，才是最理想的结果。说服是一种调和双方矛盾的过程。为了将冲突降低至双方都能接受的水准，需要体会对方的立场，并提出适当的条件。为了维持长远的合作关系，要达到双赢的效果。真正成功的说服，并非是打败对方，让自己处于上风，而是找出能让双方都能满意的结果。

我们经常能接触到"反胜为败"的事例。通过较强的优势、情报能力或协商技巧，成功说服了对方，但没过多久，对方就申请解约，并且通过散布谣言，损害我们在圈内的形象。就像在面谈中，审问官通过强压和假情报诱导嫌疑犯自白，而在法庭上，被告人却全盘否认，还指控审问官诱导自己一样，犯人最后得到了无罪释放。看似赢了可从结果上来看，却是输了。一个成功的说服和协商，不是利用不择手段的方式去进行的，而是得出让双方都感到满意的结果。这才是真正的取胜。

04 从协商营救人质上得到的说服技巧

人质协商中，最重要的，就是确保人质的生命安全。其难度高于其他任何协商。因此，极需慎重。人质协商中，谈判专家只关心人质的安全问题。虽然最终的目标是让凶手投降自首，但在之前，最重要的就是尽可能减少人质的数量。进一步要确认人质的安全、犯人和人质各自的位置、相互距离、精神状态等内部情况。

现场的谈判专家，有清晰的谈话目标。通过阶段性的接近方式，进行说服。这时，决不能刺激对方，通过给予积极的回馈，不断向对方注入希望。进行协商的同时，也要救出更多的人质。是否能打动挟持犯的心，才是说服的技术。

真正的说服

挟持犯的要求，主要是钱，有时也会要求释放自己的伙伴。但最为根本的目的，还是逃离现场。人质只是为了安全逃离现场的诱饵。而谈判专家的目的，就是人质的安全。谈判专家需要在适当满足对方条件的情况下，达成自己的目的。

与挟持犯进行对话，也是从形成共鸣开始。

"你好。虽然不知道具体原因，但我充分相信，你一定有自己的理由。我们先冷静下来。我是来帮你的。我很想帮你。"

在劝说过程中，谈判专家不断强调自己不是危险人物让对方感到放心。同时，也要随时确认对方的状况，是否有什么需要，人质中有没有人受伤或不舒服之类的。然后，通过反复表示自己充分相信对方不会伤害人等话，强调对方没有恶意。如果谈判专家以这种方式接近对方，对方也会表示配合的态度。谈判专家的首要任务就是让对方知道自己关心的是不是挟持犯而是人质，然后在确认里面的情况。

挟持犯有时会拒绝进行沟通。"少说废话"、"信不信都把他们给杀了"、"少拿这种话来套我"。如果对方有如上粗暴的态度，就很难开始进行协商。但这种反应只是出于

CHAPTER 3
第三章　让对方说出实话

一时的愤怒，而在装腔作势，并不是真心。这时，谈判专家千万不要惊慌失措，一定要冷静下来，继续进行对话。如果对方表示："我也是逼不得已的"、"我不想伤害人质。我需要你的帮助"等，就说明对方有同意协商的意向，随后可以马上进行协商。

协商中最重要的原则，就是以最小的付出，获得最大的收获。为了实现这一原则，应先满足挟持犯生理上的需求。他们最先需要的是饮用水、食物以及手纸等日常用品。警方供应的越多，如供暖、供电或开冷气等，就越有利于我方。

当然，也不能都满足对方的条件。根据情况所需，有时会故意不满足对方的要求。但也不能白白满足对方的条件。

"抱歉。因为有规定，所以实在难办。再给我们一点准备的时间。如果你肯把小孩或老人放出来，我们也会尽全力满足你的条件。"

满足对方要求的同时，也要说出自己的条件。同时，也不忘强调自己是来提供帮助的。

"其他人可不会像我一样主动过来帮你。所以你也得帮帮我才行。"

这种接近方式更能赢得对方的信任，进而有利于使对方积极配合。在商务现场上，也会通过互换条件来赢得对方的真心。不管在哪个场合，都要考验人的耐心，所以一定要沉着应战。

即使在极端的状况下，随着时间的推移，对方总会平静下来。等对方恢复理性时，对其进行旁敲侧击，问出真正的理由。罪犯也明白，伤害人质对自己一点好处都没有，所以不敢轻举妄动。到了这一阶段，谈判专家会从客观理性的角度去进行交谈。

一般，这种挟持案件有很多种原因。由于跟家人的矛盾、对社会的不满、经济上的困难等各种让犯人走投无路的理由，最后失去理性才犯下这种错误。但在谈判过程中，对方也逐渐明白事情其实没有那么糟糕。反倒会觉得是自己让情况变得更加恶化。

但也不会立即选择投降。毕竟制造了这么大的事端，对方也需要合适的理由才能收场。这时，谈判专家要帮对方找出可以解脱的理由。

"我知道你是好人。看你放了这么多人。你很了不起。"

犯人开始释放人的瞬间，会觉得自己已经输了。谁都受不了长时间的僵持局面。所以，谈判专家应充分安慰对方，帮助对方面对现实，让对方选择自动放弃。

"你挟持人质，你在犯罪。对你之前所做的行为，法院也会宽限处理的。我也会帮你。"

大部分的人质协商都会经过以上的过程，最后让对方放弃。虽然不断地进行说服，但不会进行逼供。特别是在对方提出条件时，决不能使用"不行"或"绝不"等消极的词汇，以免引起对方的愤怒，做出伤害人质的冲动行为。即使对方提出过分的要求，也不能当场否决。这是禁忌。

一定要尽可能地表示出自己会尽量安排，并且通过表明自己需要时间，尽量拖拉时间。

尽可能地拖拉时间也是一种技术。其实对方也知道自己的要求很过分。对方可能提出自己想要的东西。谈判专家要从对方提出的要求，看出对方的内心状况，通过一系列的安抚工作，继续说服过程。

从敌人到伙伴

在商务中，可以通过人质协商中的说服技术，来处理跟对方的敌对关系。同样，首先形成共鸣。其战略意义在于，消除对方对自己的抵抗情绪。如果双方一开始，就互相把对方视为敌人，内心会充满敌意，进入全身武装状态。这样很难进行商谈。

相反，如果从一开始双方就形成了共鸣，虽然会有意识地去提防对方，但在情绪上，由于彼此有所共享，负面情绪会相对减少。双方形成共鸣之前，会对彼此都有所成见。但彼此有了共享之后，不可能又变得反目成仇。正是共鸣让双方失去了敌对的架势。

目光接触（eye contact）有激励对方回答的作用。人从心理上很难拒绝有亲和力的人。利用这种方法可以更好地说服对方。

对于一个刚上任的审问官来说，很难做到这一点。总觉得笑脸迎合对待犯人是一件很令人不爽的事情。但以强势的态度接近对方，反倒会引起对方的反感。

举个例子，假设一个人因为手机出现故障而去寻求售后服务。这时，接待员问："是不是摔坏的？"这样很容易使顾客产生焦虑。但换一种提问方式："有什么需要帮忙的吗？手机坏了给您添了不少麻烦吧。"则往往会取得比较好的效果，两种接近方式反差极大。

面对前者这样的态度，即使真是摔坏的，顾客也会故意不

CHAPTER 3
第三章 让对方说出实话

说。提前知道自己的意图，直截了当的提问方式，往往让人难以接受。

换做后者这种体谅顾客的态度，顾客也愿意说明故障的原因。单凭体谅对方的处境和立场，也能打动对方的心。

在商务场合上，不管碰到大客户还是小客户，都要无差别地对待对方。只有给予一贯的款待，自己才能受到同等待遇。抬举对方的同时，自己也会受到尊崇。因为获得人心，也就是提高成就。

甚至，对一些寻求帮助的人，也要敞开心怀接受对方，以后才能大展宏图。按照自己的利益和处境对待他人，其自身也不可能得到他人的信任。要知道，一个不值得信赖的人，决不会获得成功。要知道，只有真心才能打动别人，甚至一个极其凶恶残暴的犯人，也会服软。在商务场合上，也要学会如何真心对待他人。

05 先解决感情问题，再说服对方

一般来说，女性比男性更有利于进行说服。这是因为女性更容易形成共鸣。虽然因人而异，但是男性确实比女性更强势，更在乎胜负。在他们眼里，迁就和包容是一种懦弱的表现，所以必须通过压倒性的态度征服对方，才能胜出。男性似乎不懂女性外柔内刚的力量。

在"感情"和"事实"对话这两个主题中，女性将侧重于利用情感上的策略感化对方，最终达到传达事实的目的。因为女性本能地知道，如果不解决情感上的问题，就无法接近事实。

CHAPTER 3
第三章 让对方说出实话

约翰·格雷通过《男人来自火星，女人来自金星》这本书，来告诉大家，男女各有自己的语言。男性碰到问题时，只投入于解决问题的方式，而往往注意不到其过程中发生的感情问题。同样的情况，女性则会在跟别人共享自己的问题中，自寻其答案或从对方那里得到解决问题的能量。大部分男性之所以认为女性话太多，就是因为不了解女性这种心理机制。男性只看重通过自己解决问题，证明自己的能力，而女性则需要在对方的理解和关怀中处理问题。说服正需要女性这种特质。

侦讯过程中，如果嫌疑犯或被害者是女性，就要考虑到这一点。如果对方是一个女抢劫犯，就跟男性的心理没什么区别。如果对方有男性厌恶症，受到过家庭暴力或者与强暴案有关，则我往往会让女心理分析师进行面谈。因为对方本来对男性比较敏感，如果让一个男心理分析师进行面谈，对方会很难接受采访。

在面谈方式上，男性和女性也有差别。由于男性犯罪者有较强的支配欲或控制欲，所以在这方面适当加以刺激，便很容易进行下去。相反，大部分女性犯罪者自尊感较弱，比较消极，往往不愿主动开口说话，所以需要利用更加细致的方法去接近。

隐私效应

若想赢得对方的好感，没有其他方式能比得过隐私效应。隐私效应就是通过跟对方交谈个人隐私，来解除对陌生人的不信任。任何人在可产生共鸣的话题上都会心动。一旦知道了对方也有跟自己同样的经历和体会，就会放松很多，并愿意表露真心。

许多明星公开自己的私生活，也是出于这种意图。通过展示自己光鲜亮丽背后隐藏的平凡生活，可以跟大众进行互动。候选人也是通过展示自己亲民的形象，来获得民众的支持。事实上，韩国前总统卢武铉，也正是通过亲民形象，才获得了当时最高的支持率。

针对守口如瓶的嫌疑犯，最常用的对话方式，就是利用隐私效应进行对话。尤其是像婴儿杀人案这种比较敏感的案件，往往很难进行对话。这种案件的嫌疑犯怎么也不肯开口。但也不能进行逼供。加上对方患有产后忧郁症等精神疾病，如果不谨慎处理，很容易就会将对方推向更大的深渊。这时候，只需要尊重并且安慰对方。如果对方不肯说话，就自己先介绍自己，给对方讲自己的故事。若想让对方参与到对话中，就得说与案件无关联的主题。

CHAPTER 3
第三章　让对方说出实话

不久之前，一对夫妻因为迷恋网游，没有照看好三岁女儿，导致孩子死亡。面谈中，孩子母亲只哭不说话。相反，父亲承认了自己的错误，并陈述了大概的客观情况等。其内容的核心就是孩子的死都是因为"自己的错"。但审问官觉得陈述不够完整。于是，让母亲进行口述。

孩子的母亲仍不愿开口。之后，通过心理分析师的耐心疏导，她终于肯开口了。陈述结果证明，丈夫所说的大部分内容都是假的。事实上，丈夫为了包庇妻子，故意把责任都推给自己。

即使看管孩子是父母的责任，但也要追究明确的责任。因为他们是夫妇的同时，也是两个不同的个体，所以法律不允许顶替罪名。作为心理学分析师，一定要明确事实关系，不能让真凶逃出法网。

有一起妹妹杀害自己双胞胎姐姐的案件中，嫌疑犯一直不肯开口。针对这种对象，经验丰富的心理分析师，就从童年趣事谈起。因为几乎没有人对这种话题敏感，再怎么暴躁的嫌疑犯当回忆起童年往事的时候，嘴角上都会浮现出一丝笑意，仿佛回到了过去一样。

交谈中，如果心理分析师附上："我一个好朋友也是你们那边的人。"或"我前几年去过你们老家，确实是一个不错的地方。"对方便更愿意讲出自己的故事。向对方给予适当的呼应，也是一种营造融洽的氛围的技术之一。尽量选一些对方熟知或感兴趣的谈话内容，逐渐形成双方的共识。

当谈话内容慢慢贴近案件的时候，对方会表示紧张。在此之前积累的融洽关系会发挥其作用。大部分嫌疑犯都会知道自己无法逃避，最后还是会选择自白。

此案中的双胞胎姐姐生活放荡，还把自己妹妹拉进自己的生活中。甚至让自己的妹妹做了性买卖。妹妹想方设法地逃出来，但没能成功，跟姐姐的关系也是越来越恶化。案发当日的晚上，俩姐妹一边喝酒一边叙旧，互相吐露不满。这对姐妹从小受到父亲的暴打。长大以后，姐姐动不动就殴打妹妹。当天晚上，妹妹劝姐姐改过自新，不要过这种肮脏的生活。醉酒的姐姐就开始殴打妹妹。这种暴力对妹妹来说是家常便饭。但这次妹妹实在是忍无可忍，直冲进厨房拿一把刀刺向姐姐，姐姐当场死亡。

像这种涉及家庭成员的杀人案很敏感，需要先安慰嫌疑犯，才能让对方开口。不管调查审问还是协商谈判，都是针对人的事情。无视对方或伤害对方的感情，是不可能带来好结果。

特别是在商务交流中，单凭逻辑分析占上风，是一件很不专业的想法。一个再怎么思维清晰逻辑性强的人，不可能完全抛开情感因素进行判断。由于人的感情位于逻辑思维之上，所以光靠逻辑分析能力是不可能将情绪上较为敏感的人说服成功。

请勿踏上情感上的捷径

若想说服对方，在进行符合逻辑的说明之前，先要排除对方对自己的消极情感，尽可能让对方产生好感。这种好感会变成一种信任，而在这种彼此信任的状态下，才能更好地接受对方的讲解。首先，自己肯定对方付出的努力，体恤对方的心情。站在对方角度考虑问题的时候，对方自然会向你敞开心扉。

其中，有一种叫做"回溯法（back tracking）"的对话方式非常管用。简单地说，就是学人说话的技术。但也不是完全模仿别人的话。等对方说完一段话时，向对方给予肯定。沟通中最重要的，就是倾听别人讲话。不是随便听听就可以，而是集中精力去听。当知道有一个人在认真听自己讲话的时候，就很容易形成rapport（融洽，心理学词汇）。

等到双方形成融洽的关系时，再通过使用回溯法，在谈话中，适当地迎合对方。心理分析师在审问被害者周围的人或嫌疑犯时，经常使用这种方法得到对方的陈述词。

"自从接到这案子以后，一直关心您的情况。我们也努力站在您的角度去想。希望您能明白这一点。"
"警察先生，说真的，我真不知道是谁干的。我也想早日找到凶手。你们一定要相信我。"
"当然。就因为相信您，所以想帮您。"

如上对话，当对方请你相信时，你一定要表示相信。再利用友好的口吻解除对方的提防心理。这种谈话方式消除抗拒的同时，也会增加亲密度。进一步，替对方说出内心的心声就更能顺利进行说服。也就是心理学上所说的校准（calibration）手段。

人们常说："你怎么那么不懂事理？"心理学上的校准，就指懂事理。即便反复使用回溯法，也很难让对方完全敞开。这时，要注意观察对方，读出对方的状态。主要观察对方的瞳孔、眼神、脸颊的颜色、呼吸快慢、口吻的变化等。如果将回溯法和校准法穿插使用，其效果会更加明显。尤其是在一对一的对话中。

在对方讲话中，当面指出错误或表示反驳也很危险。对方虽然在心理上承认自己的错误，但在表面上绝不会表示认同。因为对方清楚，一旦示弱就会处于被动，所以会坚持自己的观点。这时，要找出既不让对方没面子，又能认同自己观点的方法。比如，"您说的没错。之前我也是那么想的。但好像上周发表了完全相反的研究结果。"这种婉转的方式，既能指出对方的错误，也能保留对方的面子。

这种委婉地包容对方过失的表现，很好地向对方证明了自己观点的合理性和公正性。要懂得体谅对方的同时，也要坚持自己的主张。

即便情感对立，也不能引起情绪上的冲突。情绪上的激动对双方达成共识，没有任何帮助。之所以心理分析师要尽量控制自己的情绪，也是因为很清楚地知道，刺激对方毫无益处。情感失去控制的瞬间，说服过程即成为泡影。在商务上，要时刻做好忍让的准备。只有懂得主动迁就对方的心态，以及阶段性接纳对方意见，才成为一名有说服力的谈判家。

商务好比一场战争。若想得到特惠，就要学会忍让。若想得到利益，就得甘愿牺牲。所谓有得必有失。但战争的矛头绝不能指向人。气势冲天的态度只能带来更多的损失。尤其协商是双方达成一致的过程。

如果双方在谈判席上只强调自己的立场和利益，很容易产生情感上的对立。因为大部分人把忍让视为一种失败。但一旦积累了不好的情绪，不管对方条件如何，都会试图否定对方的观点。

特别是在刚开始的时候，刺激对方弱点无视对方，最后反倒会一无所获。对方再怎么处于劣势，也想守住自己的尊严和体面。如果从一开始不体恤对方，总会有意外的状况出现。协商的目的并不受惠于其中一方，而是要让各方都有所得。当然，其中肯定有一方受益多于另一方，但在总体上讲要确保双方各有所获。

06 击垮对方的最佳替代方案（BATNA）

说服对方的时候，一定要准备好充分的资料。更重要的是，要掌握如何让对方跟随自己的步骤。在充满心理战的说服过程中，考虑到双方谈崩的情况，需要事前准备好后续方案。在表面上要表示坚持达成共识的同时，隐约中也要向对方吐露，知道自己已准备好后路。当然也要准备好实际的对策和方案，以免被抓出把柄。

这种替代方案叫做BATNA（Best Alternative to a Negotiated Agreement）。谈判专家建议在没有可替代方案的情况下，不能进行说服。因为在毫无防备的情况进行说服，如果现有的条件谈崩了，只能被对方牵着鼻子走。如果双方落入到这种关系，就不能把它称之为协商了。因为这种状态只允许毫无条件地接受对方的条件。

说服也是一样。开始说服对方就说明，对方已经否认掉我方的条件。所以，一定要准备BATNA，来作为抵挡对方的武器。

备选方案

犯罪心理分析师也会提前准备好各种备选方案。在进行审讯之前，警方已经完成了最基本的调查。心理分析师不会跟嫌疑犯多次见面，而且面谈只持续不过两个小时的时间。如果心理学分析要在这两个小时的时间内完成任务，之后也很难再跟嫌疑犯碰面，那就没有备选方案可言。这时，只能用第一个方案进行说服。

如果分析师作为调查小组的一个成员或需要做出长时间协助的时候，应考虑好不同的可能性。因为不可能所有的心理分析师，都会在两个小时之内让对方自白。

第一种可能性，就是通过利用最理想说服结果让嫌疑犯自白。其过程中，也可能问出连警方都不知道的具体线索。所以，只要让嫌疑犯自白，警方只需要根据嫌疑犯的陈述找出相关证据就行了。

但情况也有可能出现变动。第二种可能性是，嫌疑犯虽然自白了，但是拒绝提供具体陈述。这时则需要准备二次面谈，或通过目击证人的陈词进行补充。当然，自白的过程中，嫌疑犯会提供重要的情报，但所提供的情报可能会有限，所以要谨慎对待二次面谈。

最后的可能性是对方会一直否认自己的罪行。对方竭尽全力去证明自己无罪。这时，要注意观察对方的行为，因为有可能在行为和话语中间找出衔接点。同时，让警方考虑好各种可能性，准备好相应的后续方案。

如果对方同样不满我所提出的条件，也会试着去找其他人来替代我。如果对方认为双方提出的价格之差过大，或者不能在截止期前准备好，很可能会提出去找其他商家。这时则要用最佳替代方案去进行说服。越多的备选方案，越好。

顾客因为价钱太高提出解约时，不要直接给降价，而是要把提供质量更好的商品，或赠送其他服务等作为替代方案。如果发生了不能按时交货的情况，可以增加货物供应量或分担运输过程中的费用。提供额外配套服务，也是一种不错的选择。此类替代方案有特别提供新技术或与对方建立长期的合作关系等。要通过不同的替代方案，转移对方的争论点，从而提高妥协的可能性。

如此强调BATNA，也有其他原因。例如，协商失败之后所受到的名誉损伤、价值观混乱或自信心下降等，都会引起极端的心理。尤其在重视体面的韩国、中国、南美阿拉伯等国家的人，宁愿花时间去找出其他对策，也不会按对方的要求进行协商。

为了让对方自动放弃使用BATNA，可以通过给予免罪符的方法进行慰劳。例如，"您这次肯做出让步是明智的选择，大家都会对您这种举措表示肯定"、"虽然表面上看谈判没有成功，不过贵公司很有发展前途。今后一定会有可观的盈利"、"如果你一直坚持下去，可能会受到更大的损失"等。

这种免罪符会消除对方的不安情绪，并且让对方觉得庆幸事情到此结束。对方甚至会感谢协商到此结束，从而不再把我当成自己的敌人。若双方关系能发展到这一步，以后就可以通过长期的合作，创造更大的利益。也就是双方的敌对关系转化为合作伙伴关系。

07 分析技巧即是对话的技巧

福尔摩斯系列小说作家阿瑟·柯南·道尔，既是法医学家又是犯罪心理分析师。虽然毕业于医学院，但更关心人生百态。由于师承英国首位法医学家约瑟夫贝尔博士，所以很早就对犯罪案件，产生了自己独到的视角。还曾经辅助调查过几个案件，并出席法庭，进行作证。逐渐对破案感兴趣，最后变成了侦探小说家。

由于在破案上的丰富阅历，他早期的作品都是以实际案件为背景。可以说，福尔摩斯和沃森是柯南的两个分身。在后期作品中，虽然有些作品以柯南的名字编写，甚至有些作品的水准很让人怀疑，是否真的出自柯南道尔的笔下，但作品中的事实性和逻辑性却十分惊人。

与当时以归纳性推理为主的小说相比，柯南道尔主要利用演绎推理法。可以说，这种推理方法与现在的犯罪分析比较相近。假设发生了一起中毒事件，他首先会问："有谁能解除毒药？"通过这种推理方式，可以缩小搜查范围，再用收集到的情报，一一进行核实。

他虽然后来也并用了归纳式推理方法，但他表示自己需要的是一定知识、观察能力以及演绎能力。他经常在找到的证据和资料中，找出线索，进行确认。

发表于1890年的《福尔摩斯之四个签名》中，很详细地介绍了演绎推理法。以下是福尔摩斯和沃森的对话。

福尔摩斯说：

"我通过观察猜到了你今天早上去过威格摩尔街的邮局。然后通过演绎推理法知道了你去那里打电报的事实。"

"怎么知道的？都猜对了。你到底是怎么知道的？"

看到我惊吓的表情，福尔摩斯笑着说：

"这很简单。都不需要说明。但有利于你掌握观察和演绎推论能力。是你脚背上的褐色土灰告诉我的。威格摩尔邮局对面正因为施工掀开地面，所以到处都是土。只要进邮局都会踩上那片的土。况且，以我所知，只有那附近才有褐色土。我所观察到的就这些。其他都是演绎出来的。"

CHAPTER 3
第三章 让对方说出实话

"那怎么知道我发电报的事？怎么演绎出来的？"

"我上午就在这里。我知道你没有写信。加上，现在你桌上堆着一对邮票和明信片。既然去了邮局，除了打电报还有什么事？只要删去不可能的选项，剩下的就是真相。"

演绎式分析是指，在不可变化的条件下，找出与此相符的线索，按照符合与否来判断真相。女性连环杀人案中，根据家属或朋友的陈述，被害者是不会轻易坐陌生人的车。但如果推断出被害者确实坐过凶手的车，但在现场又没找到任何被迫上车的痕迹。这时就可以推断出，被害者有可能是主动上了车。

如果用演绎推论法进行分析，是什么原因让被害者主动上了车。在这里可以推论出车辆以及司机本身，让她觉得可以放心上车。所谓的让人放心的车辆，有警车或者干净整洁豪华车。并且司机面相不坏。第一眼表现犯罪意图的人，不可能得到对方的信任。通过演绎推论法，可以缩小搜查范围，刻画出凶手的特性。

但也不能完全排除使用归纳式推论法。归纳式分析法利用统计和经验进行分析。比如，在专门针对女性的绑架案或杀人案中，百分之九十五的凶手都是男性。如果案件发生在人迹罕见的停车场，可以推论出凶手有可能熟悉这个地方。再与过去类似的案件进行比较分析，导出数据，最终确定搜查方向。

认知审问法和主动审问法

在商务现场中，演绎推论法和归纳式推论法有助于进行说服，并在过程中，两种方法可以进行互补。因为进行演绎推论的同时，也可以将统计资料作为参考，减少失误，提高说服力。

制定协商案件的时候，可以按照从轻到重的顺序进行处理。市场动向或统计资料等项目一般放在前面进行处理，但也要谨慎操作。因为这种资料可以作为证据使用。进行对话的时候，也要把最重要的观点放在后面，以便留下深刻的印象。

犯罪心理分析师，在审讯过程中使用的审问手法，也可以照搬到商务谈判上。最常见的审问手法有两种：一种是认知审问手法，另一种是主动审问手法。认知审问手法是为了尽可能地激起陈述者的记忆，让对方自由进行陈述的方式。主动审问手法则会通过直接或带有攻击性的提问方式，观察嫌疑犯的行为反应或激起情感上的变化。其好处在于，可以从诸多嫌疑犯中，有效地排除没有罪的人。

认知审问法中，根据需要，也会使用逆时的提问方法，让对方从最近的记忆讲起。主动审问法通过激发肢体语言，对话中会提出测谎反应点。就是说对话中，突然提出有关犯罪的内容、习性、凶器等核心问题，同时读出对方的肢体语言。从中可以看出对方在哪部分表现紧张或兴奋，进而查出犯罪的连贯性。

为了清楚地读出对方的反应，所构成的问题要跟测谎提问表中的一样，并行提出那些能激起肢体语言的问题，与无法激起肢体语言的问题。观察的过程中，要注意对方在情绪变化时做出的反应。

若能灵活使用以上谈话手法，就能将谈判收获达到最大化。尤其，主动审问法与灵活利用肢体语言有直接的联系。只要是通过细致的观察，就能找到说服对方的关键。

08 利用视觉刺激对方

有时候，嫌疑犯有重大嫌疑，也有充分的证据，但对方处于某种原因不肯自白。针对这种情况，犯罪心理分析中经常使用视觉化的手法。视觉化能够通过想象力，贯穿过去和未来。具体地讲，就是将对方引到自己的目标物上。人只要把注意力集中到一个地方，就会对此做出反应。也就是通过视觉化的方法设计对方的行为。

只需说一些简短的话，例如："被害者死得很惨，家人的悲伤……想象一下，这一切都是你所造成的。"也能让对方感到心理负担。进行视觉化的过程中，表述得越详细，其效果越大。特别是给杀人犯或强奸犯看被害者的照片，也能激起他们的罪恶感。因为在行凶的过程中，他们无法看到案发现场被害

CHAPTER 3
第三章 让对方说出实话

者的状态，所以亲眼看到案件结果，对他们来说是一种很大的冲击。

甚至，精神变态者看到被害者的照片都表示恐惧。一个连环杀人案的凶手被问到逮捕之前最让人痛苦的事时，表示怕梦见被害者。还说每天都会做噩梦，甚至开始的时候也有被害者的幻影。再怎么冷酷无情的凶手，也很难面对被害者的惨相。

相反，也可以说："想象坦白以后的样子。现在的焦虑、不安、恐惧、罪恶感，难道还不够受吗？自白之后，这一切将会消失。天天受尽折磨，倒不如坦白一切，从新来过。"嫌疑犯也会考虑如果一直不坦白，可能会加重刑量。心理分析师也可以继续表述狱中生活的苦处，不断进行刺激，最后嫌疑犯也只能开口承认。

想象的作用

虽然有个例，但双方一旦进入互相争执的状况，就很难摆脱这种状况。如果对方一旦把审讯过程当成对决，心里会产生一股傲气，能够让他撑下去。所以很难说服对方放弃。

用水槽搬运鱿鱼的过程中，如果槽里只装有鱿鱼，大部分都会死掉。但如果将一只小鲨鱼丢进水里，鱿鱼都会活下来。为了躲过鲨鱼，鱿鱼通过不断的游动进行抵抗，而从中获得更多的能量。一样的道理，如果在审问官和嫌疑犯之间的关系紧张，你一拳我一拳，不一定要打到什么时候。而这时候，视觉化可以帮助我们摆脱这种局面。

"我们不要再浪费时间。想象一下。你能撑到多久？很快就会结束了。如果把事情搞到那种地步，你可以试想接下来发生的事情。"

通过这种方式，让对方进行视觉化，比说一百句话还要有力。如果有人刺激自己的想象力，人们会不由自主地想象到相应的场景。如果想象的场景是积极的，对方心里会产生希望，反之，则会想逃避那种状况。这种通过视觉激起情感变化的方法，就叫做视觉化效果。

这种方法也能适用于说服和协商的过程。通过具体的视觉描述，可以轻松打动对方的心。这种描述越详尽越好。最好是详细到栩栩如生的地步，刺激对方的视觉和听觉。除了使用语言或非语言的说明以外，要并行照片、印刷资料或官方文书等视觉资料。新闻摘要或者统计资料也能成为进行视觉化的工具。

CHAPTER 3
第三章 让对方说出实话

可以通过新闻摘要或统计资料的合法性，引起对方的恐惧。有时，简单的印刷资料也有很好的效果。

商家在广告中刻画出消费者购买特定产品的画片。其所要传达的信息，就是你也可以成为特定商品的使用者。商务协商过程也一样。如果对方能想象自己签约以后，立即享用特定商品的画面，就说明对方已经做好被说服的准备了。

举个例子，保险公司职员向一位签了巨额保险金的顾客送出一支高档笔。说："既然签了这么大笔的金额，至少得用这种档次的笔。您说呢？这是我们专门为您这样的顾客提供的服务。"

顾客会想象自己拿着这支笔签字的样子，通过想象用这种特制的笔，签字的感觉肯定非同凡响。这就是视觉化的技术。根据自己的意图，刺激对方进行设想，便能轻而易举地说服对方。

09 好警察、坏警察战略

曾在警察一线工作的时候，拿到了一个叫"中东抢劫团"的案子。几个从中东非法入境的人，在京畿道一带的超市等地进行抢劫。他们一般先跟老板问东问西，再进去偷东西。根据他们在现场留下的火柴盒为线索，找出了他们住的地方，最后进行逮捕。

但在调查过程中，语言上的不通带来了很大的麻烦。即便他们能说一些简单的韩语，也不愿协助调查。后来找了一名在韩国留学的利比亚学生作翻译，对方却一直装糊涂。这时，隔壁的老警察官进来之后冲他们大声嚷嚷。面对这种情况，他们表现出紧张的情绪。不过等那位警察出门之后，又开始回到原样。

CHAPTER 3
第三章　让对方说出实话

过一会儿，警察又进来了，恶狠狠地盯着他们。他们这才愿意配合，还说只要让那个警察出去，都会说出来。也就是通过表现出好坏之分，让对方供出所有。

当警察需要让对方自白的时候，一定不能侵犯对方的人权。强压性的方式得不到法律上的认可。所以，过去使用的许多逼供的方法，已经被严令禁止。其实通过很好多心理战术，也可以让对方自白，而且效果非常好。好警察、坏警察战略就是其中最有简单，也是最有效的一种。

电影《公共之敌》之中，主人公姜哲中在审问犯人的时候，总是以粗暴的态度扮演坏警察的角色。在他扮黑脸的时候，他的搭档则会扮演好警察的角色。等坏警察不在的时候，好警察给犯人递上一根烟，表示歉意。

"如果让他审问你，对你一点好处都没有。或者给对方端碗茶或准备小点心，尽可能给对方创造轻松的氛围。对方也会通过两种截然不同的待遇更倾向于好警察。

尤其，当对方通过食物或烟等示好时，心理上会产生一种报答之心。不过这种套牢对方的方式，已经广为流传，对那些老练的嫌疑犯根本不起作用。但对少年犯或初犯来说，这是一种令人受宠若惊的待遇。

通过对比效果增强说服力

这种方法在日常生活或工作现场中也能使用。在同样的条件下，后面的条件比之前的稍好，就会形成对比，所以很容易去接受。即使超出了自己的预期，也能产生好感。也就是前一个条件成为一种判断基准衬托出后一个条件。

父母叫孩子跑腿儿的事例，会证明这种对比效果。如果想让孩子乖乖接受跑腿儿，最好不要分段要求，而要把跑腿儿的事项按次序一次性交代好。

一会儿让孩子去阳台收衣服，过会儿又叫孩子去收拾玩具。孩子会很反感。但如果说："收完衣服之后再帮弟弟整理玩具吧？"孩子就说二话不说照着去做。注意要把难度系数较高的事情放在前面。因为对方同时提出两种要求的时候，不可能两个都拒绝。整理玩具比收拾衣服容易，所以很愿意去收拾玩具。

以销售员销售产品为例。销售服务员一般先推荐价格比较高的商品。这并不是卖出高价品获利。假设一名顾客想买咖啡壶。如果对方犹豫接受价格较高的商品，就推荐价格实惠的商品。比价的过程中，顾客会觉得后面的商品不是很贵，并决定要购买后面的商品。

CHAPTER 3
第三章　让对方说出实话

在生活中向亲朋好友拜托事情的时候也是一样。如果第一次的请求遭到拒绝，就拜托负担比较小的事情。对方已经拒绝过一次，出于义气，也不可能再次拒绝请求。然后再跟第一次请求进行比较，觉得这点不算什么，便会答应。

换个角度，要仔细观察对方是否也是通过这种战略，对我进行说服。进行调解之后，对方仍提出意见，对方可能是另有所图。这时则要注意观察对方示好的一面。所以，当对方提出较为理想的方案时，要更加谨慎处理。所谓的理想方案不一定对自己有利。

也可以通过引诱的方式进行说服。按照自己的最终目标，用对方难以接受的条件进行布阵。刚开始的时候，对方可能表示推辞。但如果通过撤回或调整，向对方表示让步，对方出于亏欠之心也会接受其中的两三个条件。

在协商中，通过使用比较效果和诱导效果，即使不用费尽心思说服对方，对方也会自己说服自己。为了成功地达到这一效果，首先要得到对方的信任。若想成功进行洽商，要并行人格上的尊重和致密的策略。

10 形成共鸣的技巧

人都希望对方能认真倾听自己说的话。但讲话中对方会担心自己话太多。为了让对方放心讲话，听话者最好使用肢体语言回馈对方。

同意对方的观点就点头示意。根据讲话内容，做出相应的表情。例如，对方讲感动人的故事，就做出同情的表情。这种倾听的态度告诉对方，自己在认真听讲，以及重视对方的存在，从而受到鼓舞继续讲下去。这种方式会使对方觉得等自己作为倾听者时，自己也要用同样的态度回馈别人。

著名的心理咨询师理查德·歇尔认为，人每秒钟平均能说两句话，听的过程中，每秒钟平均处理八句话以上。也就是说，人在听别人讲话的时候，可以充分读出对方的肢体语言。而讲话者只集中于讲话，很难去观察倾听者的态度。即能证明，单凭认真倾听对方的话，也能满足对方。

将对方视为VIP

在商务场合上，记录对方说话的内容，是一件很有效的方法。做笔记有助于集中听讲，也能传达出自己认真听讲的态度。仅仅用耳朵听，很容易错过重要信息，毕竟人的记忆是有限的。同时，通过笔记，事后可以确认对方的讲话内容。

并且可以通过笔记，跟对方进行核实，还可以对自己理解错误的地方进行纠正。通过这种负责任的表现，让对方知道自己备受关注。

事实上，在犯罪审讯过程中，心理分析师很少会记下对方所讲的内容。因为最近的录音设备很是先进。在无法进行录音的情况下，会让其他人在看不见的地方进行笔录。如果审问官边问边记，就会激起对方的戒心。这样反倒会影响对方的陈述，也不能让对方放松。也就是破坏了对方能放心讲话的环境。

相反，对方没有表示任何戒备心的情况下，可以当面进行笔录。符合这种情况的对象有举报人、被害者、目击证人等。这些人认为自己所说的内容非常之重要。因此，即使对方的陈述内容毫无意义，也要假装做出记录的样子。

笔录的过程中，为表示认真听讲，要时不时地进行反问。对方也会觉得自己献出了一臂之力，更积极地协助调查。

神探科伦坡和福尔摩斯

由彼得·福克主演的《神探可伦坡》（Columbo）是一个有名的经典美国电视电影。本片叙述一名总是穿着皱巴巴的棕色风衣，顶着一头乱发，嘴里叼着雪茄，开着一辆老爷车的洛杉矶重案组刑警法兰克·可伦坡。看似不修边幅的他，总是以敏锐的推理能力侦破各种案件，并让犯人无从抵赖。影片中，可伦坡进行侦讯时，总会出现手拿着笔记录的场面。

他不会错过嫌疑犯的语言或非语言行为。包括死者亲友以及现场目击证人的陈述、肢体语言、语言表达能力、谈话方式等，都会一一进行确认。再通过记录的内容，进行推理的过程中，发现重要的线索。最终顺利抓获犯人。归根究底，正是可伦坡认真的态度和敏锐的视角，帮助他找到了真凶。

柯南道尔笔下的名侦探福尔摩斯，也有记笔记的习惯。他到案发现场做的第一件事，就是拿出笔和小册子，并记下自己观察到的内容，甚至包括细节。进行分析的过程中，小册子也不离手。

倾听的价值不只是让对方放心讲话，而在于双方形成共鸣。在听讲的过程中，通过字里行间的意思，听出其背后隐藏的意思。只有这样才能站在对方的角度理解对方。对方会从你的表情、行为和反应等方面，判断你的真心。

商务场合中，倾听也被视为读出对方内心的方法之一，但通过极为表面的听讲是达不到这种效果的。认真听讲的同时，努力去体恤对方的立场并且参与到其中，才能得出令双方满意的结果。

11 十大积极倾听阶段

通常人们认为自己的讲话是一种积极的行为，而对方讲话就是消极的行为。但换个角度，倾听别人讲话也是一种积极的行为。如前面所述，一个好的倾听者不只是去听，而且促使对方讲出更多的话。这时，只是消极地去接受对方的话，就发挥不了作为倾听者的作用。要通过积极的倾听姿势或态度等，让对方说出自己的心声。

在诸多倾听的方法中，积极倾听法（active listening）需要通过高度的集中能力达至其效果，并且有助于提高对话效率。以下是商务场合中，需要说服对方的方法。

阶段一／面对面看对方

正对着对方,身体稍微向前倾,以此表示自己认真听讲。看似简单,其实做起来颇有难度。

不少人在听别人说话时,喜欢背对着对方,又或者与对方并排。这种倾听姿势表示自己不在乎对方讲不讲话,进而打消对方讲话的念头。

阶段二／目光接触

尽可能与对方有目光接触,让对方放松。在面对面坐的情况下,视线放在别处,对方会有一种被无视的感觉。但也不能死死地盯着对方。要以柔和的眼光看着对方说话。

阶段三／消除干扰项

有人跟你讲话时,一定要先停下手头上的事情。例如,资料、电脑等。若在家中,就是关掉电视,把书和杂志等放到一边。这表示你愿意一心一意地听对方讲话。

阶段四／做出适当的反应

通过点头示意、皱紧眉头等肢体语言，表示你在认真听讲。还可以通过"然后呢"、"那怎么办"、"真的？"等积极的反应，鼓励对方继续讲话。

阶段五／参与到对方的讲话之中

忘掉自己想说的话，尽量去迎合对方。因为倾听者需要做的不是表明自己的观点，而是扮演听众的角色。

阶段六／消除内心的干扰项

打消自己也能发言的念头，耐心听对方讲话即可。

阶段七／拥有开阔的思想

在对方讲完话之前，要忍住分享自己观点的冲动。更不能让对方看出自己的意图。

阶段八／倾听到底

不要指望自己能说上话，不断暗示自己对方是来倾诉的，除非对方主动询问我的意见。

阶段九／适当提出疑问

在对方犹豫不决或结束讲话以后，通过提问的方式核实内容。

阶段十／简述对方的讲话内容并进行确认

通过简述对方所讲的内容，跟对方进行核实。比如，"麻烦你听一下我理解得对不对。你的意思是……吗？"这种方式就可以了。

以上是积极倾听过程中的十个阶段。通过反复的训练掌握要领，不管对方是谁，都可以得到积极的评价和信任，进而能成为处理人际关系的达人。美国著名脱口秀主持人奥普拉·温弗里，在黑人贫民窟出生，从小在家庭暴力中长大。她成为世界最富有女性之一的原因，应该归功于她拥有较强的积极倾听能力。她主持的《奥普拉·温芙瑞秀》足以证明她这种能力。

CHAPTER FOUR

第四章
掌握心理主导权

CHAPTER 4
第四章 掌握心理主导权

01 被强势的对手所吸引的心理

不久之前，在韩国顺天发生了一起米酒中毒事件。这事件证明了自白的可能性以及底线。以下是事情经过：不知谁在家门口放了瓶米酒，女儿就随手拿进来放到冰箱里。家母出去时拿走了这瓶米酒，便和周围人一起分享。而就在这瓶米酒里含有过量的氰酸钾。接下来，那些一起喝酒的人纷纷被送到医院进行抢救。母亲由于咽下一口米酒中毒身亡。而其他人当时闻出异味，没敢喝下去，所以只需要进行治疗就可以了。

此案陷入了调查的僵局。女儿是智障人士。根本不知道是谁、在什么时候，把这瓶酒放到家门口。调查案情的过程中，女儿又诉说自己被邻居男子强暴。但检察结果发现，这一控诉并不真实。反倒让警方产生了，是否用故意告发来支开对案件的注意力。警方怀疑女儿拥有重大作案嫌疑，于是，开展了对女儿的调查。最后，女儿坦白说，自己就是在那瓶酒里下毒的人。其理由是母亲发现了自己跟爸爸的乱伦关系。所以，在与父亲的共谋之下，决定除掉母亲。经过长时间的侦讯过程，父亲终于承认了自己的罪行。

不过在现场验证中，发现许多内容和好多证据，都与他们的陈述相悖。警方再次怀疑，他们是不是真正的凶手。根据他们的陈述，买那瓶酒的地方根本不卖那种米酒。也没说出从哪儿里搞到了这种毒物，更不知道毒药的比例。结果，嫌疑犯在一审中被判有罪，但在二审却得到了无罪释放。这是因为嫌疑犯在法庭上，说自己是被迫做出了虚假陈述的，其实根本没有犯罪。

以心理布局压迫对方

在最近的审问过程中，几乎很少见到拷问逼供的方法。但也有不少人因为侦讯过程中的心理压力，做出虚假陈词。问题是，这种自白都很具体。案件中，一旦发生了这种做虚假陈词的现象，案件调查很容易找错方向。刘永哲或郑南奎也承认过自己根本没做过的事情。因为他们认为反正都是死路一条，再多点一个罪名也无妨。

CHAPTER 4
第四章 掌握心理主导权

在美国或英国，单凭嫌疑犯的自白很难被判其有罪。韩国的宪法和刑事诉讼法也不允许只凭自白就判有罪。但如果提出相关的证据作为补充资料，就可以证明其嫌疑，所以对自白的期待和依存度依然很高。在美国或英国，起诉前自首和一直否认自己的罪名这两种情况，会带来截然不同的审判，其量刑之差也非常大。甚至通过"有罪认证协商"与嫌疑犯进行交易。

"你肯定有罪。我们能充分地证明你的罪行。但如果你一直否认下去，我们也不会替你向法官求情。所以你好自为之。只要你肯自白，哪怕出于节省国家经费，也会少判你几年。"面对这种说服，对方也会考虑如果所有证据大批指向自己有罪，可能真到无法挽回的地步，除非自己在一直否认的情况下被判无罪。嫌疑犯虽然会陷入这种矛盾状态，但大部分的嫌疑犯都会选择坦白，希望自己能被减刑。虽然韩国的法律体制中，没有有罪认证协商制度，但在调查过程中，嫌疑犯的心理仍会产生这种矛盾。

这种心理上的布局能给犯人带来很大的心理压力。如果协助警方调查，可能保住半条命。但一直撑到最后的情况下，如果赢了，可以捡回整条命，但一旦输了，就会失去所有。这种抉择不是一般人能够承受的，除非是好赌之人。

有经验的警察，在听取嫌疑犯主张的同时，会运用以上的心理布局，将对方推向矛盾之中，使之做出抉择。面对这种决定，谁都会被动摇。

"好，就按你说的记。你说你不认识死者对吧？好，不认识。你也说你没去过那个地方？嗯，没去过……"通过这种方式进行笔录，对方也会逐渐撤消自己的防御能力，并且提出是否能纠正自己的仓促之言。面对一个毫无疑问地接受自己陈词的警官，他们也不想把事情搞到最坏的地步。

这种在言辞中，向对方吐露自己已知所有印象的方法，叫做"一象多意"（multipleimplication）。这种手法独到之处在于，虽然不直接给对方纠错，但通过自信的态度，使对方感到不安。嫌疑犯也会相应地采取防御措施，但往往越想防御越会露馅儿。

当然，也有不少嫌疑犯认为坚持一贯否认的态度，是最佳之选。甚至律师们也会建议采取这种态度。也有可能是因为真的相信自己的辩护人无罪，但也有可能是因为考虑到自己的声誉或收益等方面的因素。如果疑犯坚持否认自己的罪行，审判官也会怀疑疑犯是否真的有罪。考虑到这些因素，一般对疑犯进行最长三十天的拘留措施，其中包括警察调查十天，检察调查十天，外加十天。像英国或美国的情况，在拘捕嫌疑犯之后，除了极个别情况以外，必须在36至48小时之内完成调查并起诉或释放。从这点上来看,韩国的情况相对来说有利于让嫌疑犯自白。

找出对方不安的原因,发挥冒险精神

在商务协商过程中,如果对方表现强势,反倒会更愿意进行交易。例如,甲方说:"如果贵公司满足不了这些条件,我们也只好选择其他公司了。"面对甲方这种态度,假设乙方说:"那好,请便。祝您好运!"这时,甲方会有两种表现:一是立马走人,二是改变态度,表现妥协。

如果对方已答应的条件非常好,一旦双方谈崩,就会失去自己想要的。所以,大部分人不敢轻易让对方选择自己的竞争对手。很少有人会对谈判失败毫不在乎。特别是在对方已经有妥协意向的时候,更不会因为小事而选择谈崩。大部分人都会试图劝说对方。

一旦无法向对方贯彻自己的思想,而开始满足对方的要求,就只能亏损。这种亏损的交易继续下去,与对方建立长期合作的愿望,也会随之消失。对方宁可揭开自己的最佳替代方案(BATNA)也要谈崩,就说明对方手中的方案非常之强大。但也能证明对方由于无法如愿以偿,而感到不安。只要能通过犀利的分析找出对方感到不安的原因，并且敢冒险，就能成功地压倒对方的BATNA，取得胜利。

面对再强的对手，也要表现出自己一切尽在掌握中的态度，以此动摇对方。不管在犯罪调查中，还是在商务协商中，"耐心则胜，焦虑则败"的教训都很受用。

02 正确瞄准搜查对象

继9·11事件以后,美国于2009年圣诞节凌晨,再次受到了恐怖分子的威胁。因为他们试图袭击客运飞机,所以美国空港采取了紧张的防御措施。不仅加强了入境飞机的安检措施,而且机场安检处还装置了新型人体X射线扫描设备,对旅客们进行安检。大部分的美国机场安检过程,都是表面性的措施。也就是严禁携带危险物品,当飞机着陆时旅客应在座位上,不让盖毛毯。

在与周边国家频频出现矛盾的以色列,其安检稍微特殊。以色列出台的安检措施不是关心包囊物品,而是注意对方头脑里的东西。当然,完成所有安检需要花去很长的时间。在以色列,国际旅客被要求提前3至4个小时到机场完成手续,有的时候甚至会要求提前5个小时到机场。

如果在安检过程中未发现异常，便很快就能办理登机手续。因为这种非常快的手续，乘客们甚至表现出无比的自豪。即使安检过程很苛刻，由于乘客心里有数，也不会觉得唐突。

一旦分析出你是焦点人物，就会接受整整长达5个小时的安检过程。甚至，也有可能不让你登机。看到此景的其他乘客，会暗自庆幸自己身上没发生那种事情，便会更积极地配合接受安检。

以色列机场之所以利用这种心理分析法来观察乘客的背景和行为，就是因为第一知道人们根据自己的背景和所处的环境，会表现出不同的行为模式。其二，即使再怎么彻底搜查包裹行李，只要是危险人物，就能把任何东西变成武器。为了发挥洞察能力，应先要看出用肉眼看不见的东西。

答案不易浮出水面

在商场上，也要懂得适当利用心理分析法读出对方的心。在谈判席上，人往往集中于用肉眼可见的东西。所以，没有精力去读出对方的意志和想法，识破诡计。只集中观察对方包里的东西，便很容易错过对方的表情、目的、行为以及对方所处

第四章 掌握心理主导权

的状况等关键线索。

对方包里的资料随时都有可能改变,但会在对方所拥有的决定权范围之内改变。而说服和协商毕竟是人与人之间的交易,所以,其结果只能与自己的预期不同。

出席谈判席的人,也有可能只是作为一个信使,传达其组织内既定的意见。如果这样,对方没有任何决定权,并且与双方意见发生冲突的时候,也没有应急的处理能力。只能是通过观察对方所传达的内容或方式,同时尽量延长双方协商期限,便可以找到突破口。

在犯罪调查中,如果只是集中观察眼前的状况和证据,就会错过核心。破案过程中,最为重要的就是证据,眼见为实的东西以及嫌疑。但是,之前提到的录像出租店事件,也说明眼前的证据不一定是全部。

假设某公司内部发生了一件盗窃案。如果搜查力度只集中于找出有盗窃行为的人,便很容易错过关键线索。实际上,即使被使用的账号是管理部职员的,当事人也有可能只是按照上面的指示,与盗窃案根本无关。像这种情况下,只强调技术或物理上的线索,就很容易错过真相背后的阴谋诡计。

举个例子，假设公司的管理人员，对上司在背后所做的手脚都有了解。但作为下属也不能将这些秘密公诸于世。这时候，只抓住盗窃案本身，为难管理人员，就看不到背后隐藏的秘密。

经验欠缺的检查官通常着重于现象本身，很难看到事情的本质，只求迅速把案结了。特别是受到来自媒体舆论或上部的压力时，很难找到正确的切入点，进而错过重要的证据。相反，经验丰富的检查官，懂得如何通过隐瞒真正的目标和情报搜查范围，去加重对方的不安情绪。这种情况下，对方很难确定警察所瞄准的对象是自己还是其他人。这种充满疑惑的心理，便会引发更大的紧张情绪，甚至会产生极端的心理。

若大脑中同时出现各种想法，很容易增加心理上的疲劳。一旦出现这种疲劳心理，就想尽早摆脱掉。所以，即使出于自暴自弃的心理，也会主动自白。只要将对方成功地引到这一步，接来下的问题便迎刃而解。找出公司内部盗窃案的罪魁祸首，也只是个时间问题。

俄国作家陀思妥耶夫斯基，通过自己的长篇小说《罪与罚》，极具戏剧般地描写了协商手法背后的人类心理。

小说中的检查官波尔菲里，负责调查一名放高利贷的老

CHAPTER 4
第四章　掌握心理主导权

婆婆和她妹妹被斧头砍死的案件。在调查过程中，虽然有明显的证据证明工人尼古拉的罪行，而且尼古拉本人也认了罪，但波尔菲里却把矛头指向穷留学生。他身上虽无明显的疑点，但符合案件本身所折射出的心理特性，加上他的表现有所动摇。在这种毫无人证物证的情况下，波尔菲里却给予对方理解和同情。面对这种心理上的手法，对方终于按耐不住，出于亏欠之心，而坦白出自己的罪行。波尔菲里这种一鸣惊人的协商手法，至今也不得不令人佩服。最后，杀人犯由于自首，只被判了8年流放。

所有案件的背后都有可能隐藏着不为人知的秘密。所有的说服和协商过程中，都有可能出现其他建设性的建议。不要只纠缠于有形的东西，而要通过把握无形的东西，看出对方的真正意图，才能读出对方的心理。也就是通过现象看到本质。

03 领受现场经验知识

以色列人以出众的说服力，以及沉着应战的协商态度而出名。被誉为国际谈判专家的哈佛大学霍华德·拉法教授，曾建议道："协商过程中，急性子的一方会受到损失。"他在作品《谈判的艺术与科学》(the art and science of negotiation)写道，他针对美国人和以色列人进行了有关模拟协商的实验。其结果发现，在协商中，以色列人比美国人更能沉着应战。

美国人眼看协商期限逼近，就变得很焦虑不安或在情感上突变。相反，以色列人则毫不在乎协商期限，表现得泰然自若。这一实验证明如果事先了解对方在人种或文化上的特性，便更容易读懂对方。

CHAPTER 4
第四章 掌握心理主导权

尊重对方的文化，胜算会更大

对说服和协商的经验丰富的人，会事先了解对方的文化背景。因为对其有广泛的了解，有助于增强说服力。

主要与海外买主进行协商的商务人士，也赞同这种观点。协商能力根据人种或文化的不同，也会所有差异。其中，犹太人以高度的协商技术而著称。他们连丝毫的损失都无法容忍，甚至对小小的部件也不肯做出忍让。他们与生俱来的商人气质，给他们带来了"最难以对付的对手"的称号。

印度人也以强大的情报搜集能力，而被列入最难应付的对手之一。他们一般会让行内专业人士出面进行协商，并把对方提出的所有条件，与自己手中的情报一一比较，然后再进行调解。

中国人则会谨慎处理情报，在其量和可靠性方面，具有难以超越的水准。此外，达到自己的目标之前，往往不会放过对方，一直磨到对方接受为止。中国人在这方面堪称专家。

日本人也不是容易的对手。他们绝不会当面说不。他们常说的"这个有点……"、"请给我时间考虑，之后再回复您"的意思，其实就是婉转的拒绝，所以在跟日本人进行交谈的时候，要懂得把握整体的脉络，以免发生失误。但越逼近协商期限，他们也会变得越焦虑，担心协商会谈崩。美国或欧洲的买家比较倾向于较为合理的协议。但他们也会低估对方的协商能力，强调对自己有利的条件。因此，为了避免处于被动，要对议案和条件进行合理性的补充。

国际学术交流会在选定下次的举办场所、主题、主持人或嘉宾时，也会反映出其文化性特性。以下是在1999年参加的德国国际学术交流会上发生的事情：了解东方人有较强的权威服从意识的西方教授，试图推进有利于自己的运营方式。这时，亚洲学者通过符合西方人思维模式的简短主题式发言，对西方人的此举进行了强烈的批评。面对这种超出意料的反应，西方教授很是惊慌，最后向亚洲学者致以真挚的歉意。此事发生以后，他们在表决的时候会先请教亚洲学者的意见。在学界中，通过知己知彼扭转大势的方法也一样受用。

在协商中，根据对方所属的人种，不得因为高估对方的协商能力而变得被动，或因为低估对方而懈怠准备过程。但若能提防自己先入为主的观点，便可以通过之前长辈所积累的隐性知识，顺利进行协商。如果在选定协商人员的时候，在职位或年龄方面均衡分配，这种隐性知识便会自然传承下去。

具体问题，具体分析

犯罪调查中也如此。应该事先了解被害者或嫌疑犯等，与案件有关人员的所属人种、文化、地域等方面的特性，并推出相应的战略来接近对方，才能有所收获。有的人根据自己所属环境的文化和惯例，对方可能更在乎名誉或胜负，也有可能对警察有敌意或不信任。有些人可能好说话，而有些人只吃硬、不吃软。

尤其，接受协商的心理和态度，会受到成长环境的影响。从小因为失败遭受处罚或责骂的人，更容易表现出不安情绪。如果事情不按照自己的计划进行，这类人会对事后要承受的责备或惩罚感到恐惧。在协商中，东方人的表现几乎接近强迫症，就是因为他们是在严格按照规律，进行惩罚的环境下长大的。

之前所说的印度人和中国人胜算较高，也是因为他们在协商中有说服对方的强迫观念。但心理上的负担过大，反而削弱洞察力和危机处理能力，进而很难顾全大局，很容易处于被动。协商的时间越长，越会感到不安。而对方恰恰利用这种不安的焦躁情绪进行攻击。

相反，不看重成败，懂得在任何情况下吸取教训的人始终保持沉着应战的态度。之前所提到的以色列人，就属于这一范畴。他们从小接受以《塔木德》为基础的教育，并且将其生活化。他们用彻头彻尾的商人精神，以及深刻的思维来武装自己。

怕在协商中失败的人，往往一开始就气势汹汹地亮相。但越靠后，越会失去目标，越会犹豫不决，只纠缠于协商妥协。他们接受不了协商谈崩，所以协商以妥协告终，也会令他们感到庆幸。他们通常不去追究协商所带来的具体成果。

甚至为了保住声誉，愿意让出所有的代价，只求对方不要告诉他人自己失败的事实。这类人在乎的不是双方的交易条件，而是担心如何向公司交代。

文化特性不仅在商务上有所体现，而且在政治、外交等所有领域都有体现。韩国政界人士完成协商回国后，因为怕协商结果遭到国民的指责，忙着对协商结果进行各种包装。

与这类人进行交涉时，只要给对方留出可交代的余地，便能很顺利地得出自己想要的东西。这种智慧需要通过丰富的经验，和不断的试验过程而自然成形。提前把握对方的文化背景或所属组织的特性，有利于提高自己的胜算。

04 我们周围的病态心理者

最近，具有变态心理的犯罪者逐渐增加。他们为了满足自己的利益，毫不在乎别人的痛苦、损失、委屈、自杀等。在他们眼里，对他人的关心和一时心动，都会让自己成为败者。并把这种不顾一切让自己胜出的行为，看作是理所应当的事情。

变态心理犯罪者的最大特征，就是无法体会他人的感情。部分学家认为，这种性格趋向是与生俱来的，并在成长过程中逐渐加重。相反，也有人认为，受后天因素的影响更大。但双方都同意这种变态心理，会受到社会结构的影响。首先受环境荷尔蒙、怀孕期间受到的压力、孕妇的精神状态等影响。出生以后，周围的人会说，关心忍让他人的人不能成功。

如果观察我们所生存的环境，就会发现，如今的社会结构、文化以及生活方式，都在急剧变化。比起跟家人或朋友等共处的时间，跟网络、媒体所接触的时间会更多。这种没有实体的关系会带来孤立感。好多人拥有自我为中心的生活方式。所以，一旦发现了与此相冲突的人，都会毫不犹豫地除掉。

妇女连环杀人案或强暴儿童案件的犯人，大部分都是精神病人。对此，人们往往担心，这种诊断结果是否会给犯人提供减刑或无罪的借口。但变态心理属于人格障碍问题。因为当事人十分清楚自己的行为会带来怎样的意义，结果是否含有犯罪成分。如果犯人被诊断为精神病人，反倒会加重刑量，或出狱后也会成为集中监视的对象。因为他们再次犯罪的可能性极高。

用偷来的出租车，在全国范围内强暴杀害女性的温保铉，也是精神病患者。他甚至扬言，要杀掉所有与自己岁数相仿的人，然后跟"至尊派事件"一样出名。他还故意到负责"至尊派案件"的警察署自首，还要求把自己关到至尊派一党所在的牢房。最后，他以绑架强暴六名妇女，杀害其中两名女性的罪名，与"至尊派事件"的凶手们一同被判以死刑。

连环杀人案凶手刘永哲和郑南奎，在狱中等待判刑的期间，也说自己现在很想杀人，还说等出狱后就去杀人。这充分表明他们的精神状态根本不正常。这种不惜一切代价,来满足自己的歪念的人,无法得到法律的怜悯。

刑法中,根据犯人是否被判有"心神丧失"或"心神耗弱"等症状,判断当事人是否能承担刑事责任。法律所针对的对象,是拥有正常判断能力的人。也就是对当事人错误的社会认识进行处罚。所以,不具备完善精神能力的人,就不能强迫对方做出思考或判断,也不能追究其行为的责任。为了保护当事人以及其他周围的人免受伤害,相关部门制定出相关的《精神保健法》,并在试行。法律规定,应对这些患者进行强制性的住院治疗。也就是说,国家和社会应负责他们不再犯罪。

对有关刑事责任能力的判断基准,随着时间的变化而不同。对刑事责任能力的质疑,是由19世纪英国提出的。维多利亚女王在任期间,发生了针对英国首相罗伯特·皮尔的枪杀事件。但却没有打中英国首相,而是击杀了首相的秘书。犯人却说:"我是受神的启示。首相是恶魔,所以才采取这种行动的。"英国法院判定他不具备正常人的行为能力,宣判无罪以后,将其关进了精神病院。但市民对此判刑表示不满,甚至在全国范围内进行抗议。对此,法院立即组成委员会,对刑事责任能力重新做了具体的定义。

这次修正所设定的基准有三个:第一,不清楚自己所做的行为。第二，无法区分行为的善恶。第三，不知道自己的行为会带来怎样的后果。委员会决定符合以上三种条件的人，即使犯罪，也不能进行处罚或追究责任。

随着精神医学的发展，部分地区会扩大适用范围。虽然不符合以上三种条件，但由于无法控制自己或冲动而发生的事件，也不能对当事人进行处罚，而是要求接受治疗。也就是规定一些无法控制的愤怒、赌博、吸毒、酒精中毒等，不受本人意志所控制的情况，也要放到"身心丧失"的范围内。在美国，有8个州也采用了类似的"模型刑法"（Model Penal Code）。

在韩国，恋童癖被判为重症疾病，所以在处理的过程中，会尽量并行加入治疗程序。但对这种情况，最高法院也曾判定，当事人不得因为这种原因，免受承担刑事责任。

连环强暴案的犯人中，有些人即便没有精神上的问题，也不反省自己的罪行。由于心理分析师在起诉或审判之前进行面谈，所以即使犯人承认自己的罪过，也不会完全公开自己的所有。

为了尽量减少自己的刑期，常常会对自己进行合理化。他们虽然在表面上表示后悔、自责或反省的态度，但其真实性令人怀疑。为了创造对自己有利的环境，他们会习惯性地进行伪装或隐瞒。

有的犯人会表示真正反省的态度，甚至心甘情愿接受严加惩治。最近，拘捕的大田清州女性连环杀人案的凶手，在面谈中明明表示接受任何惩罚。但被判为死刑时，却立即提出抗诉，最后被判为无期徒刑。对这种事例，不得不去回想，他之前在面谈过程中，进行忏悔的真实性。

这里要排除那些被迫进行抗诉，或因受到律师的建议等外界干扰，而提出上诉的情况。在英国和美国，在上诉证据不足的情况下，一般不会抗诉。如果在判决过程中已经交出所有的证据，并确定没有其他错误，律师也不会建议提出抗诉。其原因就是，在这些国家提出诉讼本身需要花费巨额，加上他们充分相信一审判决的公正性。但韩国的情况刚好相反。大部分在一审败诉的人，就会立即提出抗诉。这会导致社会、司法方面的资源浪费。

如果在面谈过程中流泪反省的犯人，反过来提出抗诉，就不得不怀疑之前承认罪行的行为是在做戏。但心理分析师与犯人在之前的面谈中，都是以诚相待，所以宁愿相信犯人受周围的影响而提出抗诉，也不愿相信犯人之前的行为是伪装的。

如何提防职场中的精神变态者

不一定所有的精神变态者都是凶恶的罪犯。商务场合上也有可能碰见带有精神变态情绪的人。进取好战的性格反而更有利于发挥他们的能力，并得到认可。产业心理学家波特和弗里茨认为，英国的大部分CEO都具有精神变态者的性格特质，有3.5%的高层管理人员都是精神变态者。

如果在谈判席上遇到了像他们这样的对手，往往会很麻烦。因为他们会通过常人不敢想象的诡计、威胁、挑拨离间、犯法行为等手法，不择手段地实现自己的目的。一旦被卷进他们已设好的局，不仅很难脱身，而且会受到巨大的挫折和侮辱。因为他们不在乎对方的感受，为了达到自己的目的，没有他们不敢做的事情。如果在职场上碰到了这种性格趋向的人，肯定会很头疼。因为他们一天到晚都在琢磨，如何通过诡计将别人踩在自己脚下。所以，千万不能跟这种人成为朋友。

每个人都有自私的本性。所以不能因为对方以自我中心的想法，就把对方归入为精神变态者的行列。除了犯罪心理分析师或精神医学专家以外，谁都不能断定对方是不是精神变态者。那么，我们又该如何去提防呢？不管对方是真正的精神变态者，还是正常人，我们都要时刻保护自己，远离意想不到压榨和背叛。为了让自己免受对方的利用，可以参考以下列出的

十个基本守则:

1. 不要过多地去依赖别人。
2. 找出对方的把柄,便于以牙还牙。
3. 时刻准备好备选方案。
4. 要沉着应战。即使在紧急情况,也不要让对方控制自己的感情。
5. 度过危机以后,采取必要的措施,冷静处理问题。
6. 不要只想着报复,以防御为主。
7. 严格拒绝金钱上的来往和各种请求。
8. 不要指望不靠谱的事情发生。
9. 慢慢克服周围人对自己的误解和不信的态度。
10. 坚持内心的重心。例如,家训、座右铭或价值观等。

既不是精神变态者,但又擅长控制自己的情绪的人,一般很难被说服。因为他们时刻用理性的镜子照着自己。即使提出诱惑性的建议,他们也坚定不移。除了给他们提供充分的根据以外,别无他法。相反,在情感上不够坚定的人虽然很善变,但与此同时,也很容易听取他人的意见。所以还是属于比较好应对的客户。

根据所掌握的对方的特性,实施相应的对策,有助于提高说服力并让自己立于不败之地。不管理性的人还是感性的人,都有自己各自的优势。所以灵活掌握使用适当的方法，才是取胜的关键。

05 通过不断的自我攻击，提高逻辑能力

为了成功说服对方，必须具备逻辑性的思考能力。在交谈过程中，陷进自我矛盾或让对方混乱，都会大大降低说服能力。尤其作为心理分析师，更不能因为思维上的混乱而失误。为了避免出现这种情况，需要事先做好彻底的准备。如果轻易提供缺乏特例的情况或证据，一旦被对方抓到弱点，就很容易处于被动。等于是给对方提供反击的机会。

犯罪心理学的培训过程中，要求加强窜改（falsification）的训练。所谓的窜改，就是建立一定在的假设或理论之后，攻击与此正相反的内容。最常使用的方法，是先提供案件情况和现场证据，假设嫌疑犯的性格特性。然后再指出假设出现错误的情况，以及出现漏洞的部分。若自己所建立的逻辑从多个角

度受到反驳，便会哑口无言，在感情上也会出现动摇。因为在别人的提示下，滤清前后逻辑关系的时候，自己也发现了逻辑关系不够紧密而且出现了不少漏洞。

在反复的训练过程中，逐渐学会在假设之前，先考虑好前后话语的矛盾之处。时间越长，假设的逻辑性越强，越符合所提供的证据。在这方面得到充分的训练之后，便能对自己建立的假设进行攻击。经过充分的训练过程之后，任何情况下都能建立完美无缺、毫无漏洞的假设。

在准备说服和协商的过程中，也可以通过严格的审改训练，站在对方的立场上，对自己准备的条件进行攻击。这种方式有助于增强逻辑性。协商过程中，之所以不能按照自己的意愿说服对方，也是因为只从自己的视角去看待问题，没有充分考虑对方的观点。

说谎的时候也如此。事先没有考虑到对方的立场，而只是单方面地去考虑问题，就不能发现自己的漏洞。如果不被对方的伪装术蒙骗过去，就趁对方不注意时，观察对方说话的态度等。若从对方的行为或口吻中，发现跟平时不太一样的地方，或发现了严重的漏洞，就先找出具体的问题所在，再找一个适当的机会去推翻对方的论点。不管是生活中的小谎言，还是商务场合中的战略性虚假情报，都要懂得从多个方面去进行分析和核实，才能不上当受骗，找出真相。

在协商或做报告的过程中，这种逻辑性训练，会使你更大胆地去表演。若能从自我为中心的逻辑观点中摆脱出来，站在对方的角度去看待问题，就能看明白好多东西。主动将自己放在对手的立场上进行思考，这是提高思维能力的最佳方法。

但这种方法实际操作起来很难。只有通过不断的自我批判和训练，使之成为本能的反应，才算真正训练成功。刚开始的时候，可以在自己的团队内部，通过互换角色的方式进行训练。

如果在现场能够按照顺序，解决具体问题，便能主导整个协商过程。此外，平时养成随时记下自己想法的习惯，也很有帮助。

06 通过反馈主导沟通

在英国伦敦北安普顿的一个街道上，六名蒙面强盗正打碎一个珠宝店的橱窗。过路的人和珠宝店服务员都被惊呆了。看到此景的七十多岁的老太太，一瘸一拐地走过来，开始用手提包痛打这些犯人。更让人惊奇的是，面对老奶奶意想不到的举动，那些强盗们并没有还手，而是变得畏缩。当看到奶奶教训自己的时候，他们可能想起了自己儿时，被妈妈或奶奶打的情景，无意识中产生了心理上的防御机制。周围的市民这才反应过来，拥上去抓住了那些强盗，还把其中三个人转交给警方。

老奶奶这种见义勇为的行为，带有十分重要的意义。并不是说这种行为本身压制了那些犯人，而是带动了周围人的情绪，发挥了带头的作用。若没有个人的积极行为，即使周围有数百名的市民也无济于事。英国人之所以关心这种见义勇为的行为，是因为通过"利物浦38人"事件，进行自我反省。

1993年，在英国利物浦的某商场，正和妈妈逛街的四岁男童，被两名十几岁的男孩绑架，并在四公里以外的地方被杀。但调查过程中发现，看到男童被拖走的目击证人，有三十八名之多。两名衣衫不整的男孩强行拖走一名外观上跟他们不般配的男童，谁看都会觉得奇怪。但在这三十八名目击证人中，却没有任何一个人，主动站出来制止他们或报警。

此事以后，英国将这三十八名目击者，称为"利物浦38人"，把他们视为胆小卑鄙的现代都市人的形象。英国从这事件中吸取教训，并让所有英国人谨记这一教训。对此事件，英国人不愿遮掩，反而大胆地讲出来。不管在学校还是媒体，都会时不时地翻出这件事情作为例证，发起运动鼓舞市民，通过自己的力量制止犯罪的行为。在这一运动基础上所建立起来的，就是邻里监督组织（neighborhood watch）。

美国也发生了类似的事件。纽约的一名女性，在家附近的路上遭到了抢劫。虽然她家住在公寓，但在她受到的整整两个小时的攻击中，不管她如何喊叫，也没有人愿意下来帮忙。更没有人替她报警或进行求助。最后她被犯人残忍杀害了。对此事件，美国社会不得不反省自己。

类似的事件充分显示出，城市人缺乏责任的心理状态。碰到这种事，人们往往总会希望有人出现或替当事人报警。而正是这种错误的推断，才让人们选择袖手旁观。说白了，也就是担心自己被卷进去，而故意回避。心理学将这种现象，定义为由"责任分散效应"而产生的"旁观者效应"。特别是在目击者很多的情况下，大家容易互相推卸责任。越是人来人往的地方，这种旁观者效应越明显。

指明一个人

　　假设今天你在街上遇到了困难。这种情况下，寻求过路人的帮助似乎不太可能。因为过路的所有人都带有责任，所以谁都不愿意承担责任。这时先不要见一个人求一个人，根据责任分散效应以及旁观者效应，应该指明某个人来帮自己。例如，"那位戴眼镜的大叔，过来帮帮忙吧！"这样，被指明的那个人很难逃脱责任。因为其他人只是旁观者，而被点名的同时，那个人便成为目击者，而作为目击者，他要尽他的责任。指明一个人来帮忙的时候，周围的人也会过来帮忙。这种现象说明反馈的重要性。

　　由传播学之父威尔伯·施拉姆（Wilbur Schramm）提出的，由美国心理学家查尔斯·埃杰顿·奥斯古德（Charls

CHAPTER 4
第四章 掌握心理主导权

Egerton Osgood）发起的"施拉姆模型"，主张沟通是不断画圆，同时根据人们的解释、能力以及接纳程度而变化的过程。也就是强调沟通中最重要的因素——反馈。

任何人都希望他人对自己的意见和建议给予反馈。但很少有人会用积极的反馈，来进行沟通。互相回馈的过程中，能找到让沟通变得更加活跃的方法。反馈的内容有可能是对方期待的，也有可能不是。但能确定的一点是，通过互相回馈，能形成友好的氛围。

07 抓住解决矛盾转折点

在电影中，常常见到犯人要求抽根烟的场景。实际的面谈中，也能经常遇到这种情况。若想让面谈达到这一步，其实需要一个漫长的过程。双方在僵持和无聊中度过这段时间。但如果心理分析师利用一套体系化的审问手法进行面谈，那么时间越长，对方越会承受不住心理压力。最后，由于抵挡不住紧张和焦虑情绪，便会自投罗网。

嫌疑犯要求抽根烟，可被看作是一种转折点。因为想用尼古丁来慰藉长时间的紧张情绪。人一紧张便口干舌燥，就越想抽烟。

"我想抽根烟。"

CHAPTER 4
第四章　掌握心理主导权

"做好心理准备了吗？"

"嗯，让我抽一根吧。"

"好，那咱们就开始吧。"

心理分析师在之前所用的审问手法，就是引出对方这种反应。只要找好对方准备完全妥协的信号，就无需再施加压力。接下来只需等待犯人的陈词就可以了。犯人想抽烟的提议，是表明对方当前心理状况的象征。而这种象征有可能是一杯水或者伸懒腰、起来走动等行为。

有时候，通过解开手铐，对方也会敞开心扉。移送犯罪者的过程必须要戴手铐。在面谈过程中，一般也不让解开手铐。但戴手铐阻碍对方畅所欲言时，心理分析师会要求警方揭开手铐。通常，女嫌疑犯很容易受手铐带来的心理压力。但戴手铐对面谈不造成问题时，不会轻易解开。

瑞士奶酪效应

几年前，审问过一个连环杀人强奸案的重犯。他的性格以及作案手法极其凶残。曾经因为遭到同居女朋友的拒绝，而出于报复心理，用刀乱刺女朋友的腹部。被逮捕后，犯人拒绝提起一切有关的事情，甚至拒绝面谈。后来，通过DNA证据以及其他被害者的协助，确认了案件的大概轮廓。但还没掌握到嫌疑犯的具体作案手法，被害者人数以及行凶经过。若想重判犯人的刑量，就要先掌握具体的线索以及被害者人数。现在警方唯一的方法就是让犯人自白。

当面对犯人时，他戴着手铐，满脸不懈的表情。旁边各站着一名警官，以免发生意外。通过他的表情和行为，可以看出强烈的敌意。在这种状态下进行面谈，也只能是浪费时间。于是，我决定让那些警官先回避一下，单独跟犯人进行了面谈。

"麻烦两位警官先出去一下。"

"啊？"

他们瞪大眼睛说：

"不行。您不知道这家伙有多么凶残。绝对不行，太危险了。"

"没关系。两位还是先出去等吧。"

警官勉强出去了。我十分理解警官在担心什么。但很少有犯人会在这种场合下，显露他的本性。而且，当所有人都把犯人当成危险人物看待时，对一个愿意信任自己的人，犯人也不得不佩服。随即，犯人也慢慢放下自己的戒心。

几乎所有犯人都怕自己的刑量会加重。所以，在面谈过

CHAPTER 4
第四章　掌握心理主导权

程中，一定要给对方如果好好配合，会有利于减刑的印象。对于一个死刑犯，做这方面的工作没有多大意义。但在其他情况下，也不能随便向犯人做任何承诺。这不仅违背了犯罪调查的规定，而且法庭也不会承认这种欺骗性的自白。但要表现出尽量满足对方要求的样子，致使对方做出让步，面谈就成功了。

在犯罪心理学中，有一个概念叫做"瑞士奶酪效应"的专业用语。就是指通过刺激对方心理上的弱点，让一个宁死不屈的犯人自白。正所谓"千里之堤，毁于蚁穴"，而这一技巧就是寻找蚁穴。这一专业术语的名称来源于一种奶酪的名字，瑞士奶酪。瑞士奶酪很硬，不容易切开，所以必须要沿着奶酪表面上的洞孔切才能切开。若没有这些洞孔，就很难切下奶酪。犯罪者的弱点如同奶酪表面上的洞。妇女连环杀人案凶手姜浩顺被审问时，一概拒绝陈述对自己不利的方面。只在提及儿女时，才肯服软。对他来说，子女等同于瑞士奶酪上的洞，是打穿防线的突破口。

对心理防御能力较强的人，将其瞬间击垮是非常不容易的。应从小线索开始问起，面谈时间一长，对方也会明白，再撑下去只能是浪费时间。而且，人倾向于合理化。所以，只要掌握到其中最重要的证据，其他详细的条件大可以进行调节。只要抓住对方心里发生变化的时机，就等于说服成功了。

08 不要过分强调胜负

若太在乎说服和协商过程中的输赢，拼死拼活也很难得到满意的结果。因为对方态度越强硬，就越想反驳。双方坚决固守自己的立场，谈判很容易谈崩。而所有的谈判都需要在规定时间内完成。双方达成一致与否，并不在于谈判时间的长短。

双方陷入僵持时，最好的办法就是转移话题。也就是把对方的焦点，转移到其他话题上。这就需要自己具有大局观，并且控制好情绪。虽然一个巴掌拍不响，但在解决问题的时候，若有一方先退一步，接下来的问题便可以迎刃而解。

不战取胜的方法

　　协商并不是通过打败对方得到自己想要的，而是找出一个让双方都能满足的条件。因此，要围绕着能让双方都满意的条件进行商谈。若能合理运用这种战略，双方就会重新审视自己原先的条件，并判断其合理性。这就是改变游戏性质的谈判战略。

　　但也不要试图教训对方。采用改变游戏性质的谈判战略，需要以解决问题以及兼顾双方的立场为前提。谈判不是通过攻击对方而取胜的，而是为了让对方改变主意，提供适当的刺激和环境。真正的说服，是让对方主动去找新的妥协点。

　　这时，重要的不是自己的观点，而是站在对方的立场，强调对方能获得的利益。其内容越具体越好。除金钱上的利益以外，还有协商以后可以让对方获得的好处，建立长期友好的关系等，各种各样的无形利益。只要让对方明白，除了眼前的利益以外，还能获得其他更多的利益，对方自然会做权衡。帮助对方自寻妥协点，才是谈判需要的竞争力。

说服对方无须提高嗓门

　　犯罪调查过程中也有类似的经验。假设在案发现场捡到了一个写有"某KTV"的打火机。不过无法确定是不是犯人的。虽然打火机是重要的线索，但警察不会提及打火机。直到在犯人进行陈述时，说到了有关的情况，便会加以利用。

　　"我当时在KTV唱歌。"
　　"是不是那家KTV？"
　　犯人一听肯定会被吓到。
　　"你怎么知道的？"
　　"我们不是不知道才问你。一开始我们就知道。只是给你一个坦白的机会。所以实话实说，甭想有任何隐瞒。"

　　通过以上方式进行对话，犯人会想自己根本不是对手，会供出所有。而且对警察耐心等待自己，并给予自白机会的行为，犯人的态度也会变得更诚恳。

　　如果换一种方式进行对话，警察一开始就拿出那把打火机，进行逼问，结果可能完全不一样。

　　"这打火机是你的对吗？"
　　"不是，怎么了？"

CHAPTER 4
第四章　掌握心理主导权

"这就是你的。说！"

"怎么就是我的了？有证据吗？"

一旦犯人用这种态度反抗，双方很难摆脱对立的局面。更重要的是，打火机作为证据，却完全失去了其利用价值。

凭刺激和施压成就不了任何东西。当双方都不肯做出让步时，还不如自己先退一步。即使对同样的问题，根据不同的切入点，对方的反应也会截然不同。

09 通过情报员找出突破口

古时候，通过占卜术等非科学的资料，来获取情报，并以由此得来的情报为参考，布置战略和战术。但《孙子兵法》中却强调，应该注重情报的真实性。孙子早就看出了，只有通过间谍或情报员，才能掌握敌人具体情况，并将战争引向胜利。

战国时代的《孙子兵法》中，有许多战术至今也能适用。其中，《用间篇》介绍了关于如何使用情报员的故事。孙子将情报员分为五间："因间"（也叫乡间）、"内间"、"反间"、"死间"、"生间"。 五种间谍同时使用，敌人摸不清底细，这就是神秘莫测的要领，是国君的法宝。

"乡间"，是指利用敌国境的普通人做间谍。例如，邻

CHAPTER 4
第四章　掌握心理主导权

居、消息灵通的人、美容院或饭馆的老板、送货员等。

"内间",是指借助收买敌国的官吏做间谍。比如,警察在黑社会组织人员中收买人员,获取对方情报。

"反间",是指收买或利用敌方派来的间谍,使其反为我效力。例如,双重间谍。

"死间",是指故意在泄露假情报,让我方间谍传给敌方,通过内外配合,使敌上当。事发后往往被敌方处死。这种方法主要适用于间谍有背叛嫌疑的情况。"死间"作为一种非人道式的战术,很少会被使用,除非是在战场。但如今,在大规模暴力组织或贩毒集团的相互暗杀中,这种方法很常见。警方则会利用这一点,通过接近被处罚或逐出的人员,进行情报的搜集。

"生间",是指派往敌方侦察后,亲自返回报告敌情的人。相应的有欧美等国家警察中常见的密探。

通过第三者做出仲裁

犯罪调查中,偶尔会把情报员当作信使来使用。尤其在贪污案或暴力事件中，他们发挥着极其重大的作用。他们的主要任务是给双方传达特定的信息。例如，"警方已经知道事情的真相了。迟早会被逮捕的"、"现在自首有好处"等等。另外，共犯、律师等在犯人和警察中间布线的人，都可以视为广义上的信使。

在欧美国家，使用情报员的许可范围很广，其费用也很高。在好莱坞影片中，经常能看到警察在偏僻的角落约见情报员，并把几张纸币塞到情报员口袋，要求找出相关的情报或人。以亚洲人的文化情绪，可能对这种行为产生反感，甚至觉得不道德。但在美国，这却是一件再常见不过的行为，而且是合法的。若以这种方式充当情报员的角色，并协助警方调查，甚至会减轻或免除自己的轻微罪行。

在韩国，虽然使用情报员并不犯法，但由于匮乏预算或政策上的支持，只能由警察自己想办法。所以，主要是靠人际关系来使用情报员。尤其在询问搜查过程中，多是通过送货员或附近的房地产中介来获取情报。这些人也在不知不觉中充当了情报员的角色。

根据案件所需，也会利用指明的情报员。这时，大多会使用过去类似案件的前科犯。

CHAPTER 4
第四章　掌握心理主导权

"知道新堂区那件案子吧？跟你的犯案手法很像！"

"您是说我干的？那附近最近我都没去过。"

"又没说是你干的。这不想让你打听打听嘛。"

这种场面经常在电影中上演。事实上，犯罪者之间有一套自己的沟通方式，所以很容易打探消息。进而，也可以通过情报员，给犯人直接传达信息。

"你知道那谁现在哪儿吧？"

"……"

"告诉他。如果三天之内还不去自首，这次绝不会轻饶。"

若用这种方式威胁对方，会很管用。但如果用欺骗对方或施压过度的方式，会很危险，所以要谨慎使用。

相应的方法可以以诱捕为例。诱捕通常在贩毒案件中，为了获取旁证而使用。但这种方法容易引起争议，所以也要谨慎使用。法律许可对有贩卖或购买毒品意图的人，假装购买或贩卖的方式。但法律不容许对犯罪意图不明确的人，进行这种引诱。因为这种方式不属于正当范围内的搜查，而是给对方制造陷阱。

假设情报员吐露有人有购买毒品的意图。这时，警方介入此次交易，给对方提供买毒品的机会是不成问题的。因为向有犯罪动机的人提供机会，属于合法的搜查方式。但如果对一个毫无犯罪意图的人，提供引起购买意图或冲动的机会，就超出了合法诱捕的搜查范围。

此外，也要对情报员所提供的信息进行验证。几乎所有的情报员，在有意或无意之中，都会传达出错误情报。同时，也要保护好情报员。这是作为警察要履行的任务之一。如果将情报员当成一种道具来使用，只求达到自己的目的，不仅无法维持长期的关系，而且一旦传开了，其他情报员也不愿再做眼线。

追求均衡

在商务场合上，情报员也会提供决定性情报或传达信息。这时的情报员，有可能是对方公司的职员或内部董事，也有可能是对方的顾客或有谈判经验的同行。尤其在面临签订重要合同的时候，对方内部若有人能够成为信使，并充分发挥其作用，对双方进行调节有很大的帮助。

同时，这也存在一定的风险。像犯罪调查或向媒体舆论举报的情况，大多数是一次性的，但在公司或行业圈内的情报提供，则往往带有持续性，所以保护情报员的培养非常重要。如果情报员是竞争公司的职员、相关人物或者是对双方公司都带有影响力的人物，则更要保护好当事人的身份。一旦情报员被扣上商业间谍的帽子，就会进一步引起企业道德的问题。因此，保护情报员的身份非常关键，甚至能左右事业的成败。

进而，对公司内部发生的告发或投诉等事情，在进行核实之后，也要保护好相关情报提供者的身份。特别是对告密者，有人可能会以名誉毁损，提出诉讼或通过故意孤立的方式进行报复行为，所以更需要彻底地保障当事人的身份。企业通常对这种行为冷眼相对，并把内部告发行为作为一种禁忌。但迟早都会被揭发。若在内部实施严格透明的保护告发者的项目，可以避免内部消息传出，进而能防止损伤企业形象，以及带来的巨大损失。从这种层面上讲，保护告发者身份的措施会是一种"自我保护"。要以脱胎换骨的态度尽早发现问题，并把保护内部告发者的政策，视为一种自我净化的环节并加以利用。这种举措作为现代经营学的原则之一，能促使企业伦理化的经营，并且保障企业可持续的发展。

人们在与别人沟通时力求均衡。根据美国心理学家弗里茨·海德发表的平衡理论，任何人都追求与对方建立稳定的人际关系。因此，持有友好的见解，有助于建立相对稳定的人际关系，但意见有分歧会导致不平衡，造成紧张情绪。这时，需要通过第三方来维持均衡的状况，之后再进行说服。

尚未建立与正事相关的沟通时，第三方不存在也无妨。人们在初次见面时互通姓名也是为了引出双方都知道的第三者。若发现有双方都认识的人，可以先把那个人作为话题进行对话。在这过程中，双方也会对彼此产生信任。

虽然在犯罪心理分析当中很难适用，但在谈判过程中进行说服的时候，第三者具有其他的作用。那就是，小道消息，也就是利用情报。人们习惯性地认为第三者的话更具有客观性。所以，直接向对方表示好感，倒不如通过第三者传达更有效果。

10 说服人之前先说服时间

能够支配时间的人，才能成功说服人。无论在犯罪协商或在商务谈判中，这都是最关键的因素。只是一味地给对方施加压力，对方总有感情失控的时候。感情上的剧烈反应，虽然有时会产生积极的作用，但大部分情况下，都会引起负面的状况。

在犯罪侦讯过程中，嫌疑犯所受的压力达到极点的时候，会开始出现一些心理上的变化。嫌疑犯之前所做的一系列防御，以及合理化自己立场的态度，也会随之动摇。如果这种变化产生了积极的作用，根据对方的自白和所提出的证据，就可以很快破案。相反，对方也有可能为了拒绝接受侦讯，而做出自残或自杀等极端的行为。所以，具有一定的风险。

犯罪调查过程中，检察官经常会用压迫嫌疑犯的方法，进行逼供。但这种方法一旦超过了一定的限度，嫌疑犯自己会陷入情感漩涡。面对无法逃避的现实，一旦觉得对自己仅剩的尊严和名誉有损，就会变得自暴自弃，并试图用一些极端的方法来解决问题。韩国现代集团前任董事长郑梦宪，韩国泛洋商船董事长朴健硕隶属于这种情况。

人质谈判中，谈判专家想方设法来稳定人犯的情绪，也是因为这种原因。因为他们一旦失去理智，很可能做出非常极端的行为，所以尽量让他们恢复冷静，这样便于做出理性的判断。

抓住最后的10%

谈判大师美国赫布·科恩（Herb Cohen）认为，谈判中为自己争取时间非常重要。他把忍耐作为成功谈判要素之一。他认为谈判中的做出让步或双方达成一致，是在逼近或超过谈判时限的情况下发生。这叫做谈判10∶90法则。也就是在最后的百分之十的时间内，对之前的百分之九十的时间进行和解。这就需要不刺激对方的同时，耐心等待那一时间的到来。这种耐性也算是一种谈判能力。

"当你不知道该做什么的时候，你唯一能做的就是什么都不做。"这种寸铁杀人的能力，正是商人必须具备的才能。

此外，摆脱对最后期限的固定观念，也有利于增强说服力。谈判桌上的人都对最后期限倍感压力。但如何对其进行利用、根据个人能力而定。有的人倾向于在最后期限内了事，相反，有的人宁可延长期限达到自己的目标，也不愿妥协。

如果仔细想一想，你会发现有多少事情是非要在最后期限内必须完成。比起超过期限得出的结论带来的利与弊，固守最后期限完成任务的态度反倒会削弱谈判能力。在时间的逼迫下，只求急于成事，很容易做出妥协。接下来，也会在被动的状态下进行谈判，其谈判结果也不令人满意。

大部分的谈判期限伸缩性比较大。即使在十万火急的情况下，也不能做出超出自己预定范围的妥协。更没有必要立刻回应对方提出的条件。倒不如宣布谈判决裂，提出再次谈判的机会向对方施压。这种不急求成的态度给对方产生无形的压力。

虽然说服是一件获得人心的事情，但在做这一点之前，先要给自己充分的时间。不懂得如何掌握时间的人，只能是被别人牵着鼻子走。那又从何谈起打动人心说服对方呢。所以说，说服人之前先说服时间。

11 承认失败，领悟教训

对犯罪心理分析师，有一个时刻要遵守的死规定。那就是"所有案件都有新的一面。即使是同一个犯人做的，也会有不同的一面。"

波士顿扼颈杀人魔王艾尔伯特·德萨尔佛，1960年在美国波士顿一带强奸杀害了11名女性。起初被他杀害的女性，大部分都是上年纪的妇女。大部分受害者都是生殖器部位遭到毁损，并被她们自己的衣服活活勒死。警方没有找到任何线索。

直到发现第九名受害者时，凶手的犯罪手法大有变化。其中最大的差异，就是受害者是年轻貌美的女性。而且之前在死者体内未发现精液，所以推定没有射精。相反，这次在死者体

CHAPTER 4
第四章 掌握心理主导权

内发现了精液。之前死者尸体被埋葬在附近的公路旁，而这次却放置在死者的家中。从受害者年龄层的变化，以及作案手法的不同，警方判断有可能缩小搜查范围。于是，邀请了当时最有名的犯罪心理分析师詹姆斯·布鲁塞尔博士。

布鲁塞尔博士根据自己曾经接触过的类似案件，推定凶手的特性。依他的分析结果，凶手独自生活，没有稳定的职业，从小对女性有阴影，比如受母亲或姐姐的虐待长大。虽然有性功能障碍，但最近通过治疗恢复了性能力。于是，警方搜查了波士顿一带的男性医院，但仍无头绪。案件也没有获得任何进展。

后来，一位交警在巡查过程中，发现了一辆尾灯破损的货车，停靠在人行道上。所以对其进行调查，经过搜查发现，这车是一辆食品货运车。

而对卫生要求非常苛刻的食品货运车上，却发现了带有土的铲子和绳索。于是司机因违反食品卫生法，被逮到警察局，接受了调查。按照一般情况，这种案件不重，只需认罪就可以了。

但由于当时的连环杀人案，上部命令一旦发现了有关车辆，或带有土灰的铲子等可疑物品，要立即向上报告。所以在接到报告之后，总局立即派人前往调查。看到货运车司机对那些发现的东西解释不清，检查官觉得其中有问题，并重新开始审讯。

当事人的居住地、物流配送区域以及不在场的证据，与发现尸体的位置颇有相似。警察拿到搜查令之后去他家搜查。在他家中，发现了受害者身上的遗物等各种犯罪证据。警方就此抓获了凶手。

可问题在于，凶手的资料与布鲁塞尔博士所提供的结果完全相反。他并没有性功能障碍，家里还有妻子和几个儿子。很久以前就开始了运货的工作，甚至参加过越南战争，是一名阳刚健康的男性。也就是说，布鲁塞尔博士的分析完全错了。

布鲁塞尔博士是精神科医生。他当时可能认为连环杀人案的凶手，肯定在精神上有问题，所以判断要对待精神病患者一样去进行分析。他是根据所患有的精神问题，去分析相应的异常行为。由于当时的社会矛盾还比较单纯，所以这种分析手法的成功几率比较高。

但1969年以后，接连出现用传统精神医学，无法准确分析的连环杀人犯。艾尔伯特·德萨尔佛的前后犯罪手法有很大的差异。通过以往的精神医学分析法，试图破案反而遭到了失

CHAPTER 4
第四章 掌握心理主导权

败。正是因为把连环杀人行为，看作是病态行为，再根据病理学做出分析，最后得出了荒唐的结论。

但布鲁塞尔博士通过这次的失败，对犯罪调查做出了进一步的解释。他认为以精神科医生为主的分析法已经结束了。世界在急剧地变化着。在这一时代，即使没有精神疾病的人，也会犯罪。现在需要的不再是精神科医生，而是拥有精神以及心理学方面知识的专业人士。以此事件为转折点，美国联邦调查局设立了行动科学部，开始了现代意义上的犯罪心理分析。

美国联邦调查局的行动科学部门，拥有包括布鲁塞尔博士在内的专业检查官、行为科学家等等专业人士，他们负责对过去的异常犯罪现象进行分析，开始研究如何从案件中把握凶手的特征。由此建立了像美国暴力犯罪逮捕计划（VICAP）和加拿大暴力犯罪连结分析系统（VICLAS）一样的数据库。

坦然接受失败

若詹姆斯·布鲁塞尔博士只是为了保住自己的面子，为自己错误的分析结果找借口，可能就会耽误了犯罪心理分析领域的发展。但他面对失败并没有胆怯，反而从中吸取了教训。而这一教训彻底改写了犯罪搜查的历史，并且为现代科学搜查奠定了基础。

任何人都会经历失败。不管在犯罪调查，还是在商务场合，又或是在人际关系方面，甚至在家庭失败等，以不同的形式出现。若布鲁塞尔博士没有经历过这次失败，过去陈旧的破案手法，就不可能得到改观。所以对失败不要产生畏惧之心。失败总会带来教训，而教训会激励我们进步。

在商务场合上，也有因为怕失败，而错过好机会的事例。因为太在乎对方对自己的看法，连合理的要求都没敢提出来。因为怕自己出错受到谴责，或者害怕经历挫折而选择放弃，只能比别人落后。只要通过从失败中吸取的教训，就能找出新的突破口，就不能说是失败。

无论遇到怎样的强敌，都不要担惊受怕，犹豫不决。应要敢于面对，使出自己潜在的能力，令其发挥极致就可以。凭着这种信念行事，才是作为商业精英的行动战略。

12 最好协商技巧是不去协商

说服和协商能产生四种结果：第一，达成令双方都满意的结果。第二，得到了自己想要的结果，对方却不满意。第三，对方对结果感到满足，自己却不满。第四，双方都没能达成满意的结果，或者谈崩。前三个结果在谈判过程中很常见，其中，第二或第三种情况，可有调解的余地。因为谈判结果只侧重于一方的要求，双方不能维持长久的关系。最难的就是第四种情况，双方没能成功和解。

不战而胜

但也可以通过这种机会，做出替代方案。毕竟谈判决裂本身并不代表谈判失败。为了妥协，光靠提出无理的和解要求，只能浪费双方的时间和精力。虽然宣布谈判决裂并不是件容易的事情，但根据情况也要敢于宣布谈判决裂。毫无结果的争执没有任何意义。

在美国的刑法中有"认罪交易"制度，也被称为"诉辩协商"（Plea Negotiation）。【释：又称诉辩谈判或者诉辩协议，是指在刑事诉讼中法院开庭审理之前，提起控诉的检察官为了换取被告作有罪答辩，提供比原来指控更轻的罪名指控或者减少控诉罪行，或者允诺向法院提出有利于被告人的量刑建议为条件，与被告方(一般通过律师)在法庭外进行协商谈判而形成的一种司法制度。】当对方提出过分的要求时，律师会宣布谈判决裂，因为觉得协调下去毫无意义。通过协商达成的事项越具体繁琐，并且证据以及判罪可能性越不明确，谈判决裂带来的效果就越大。尤其有经验丰富的律师当面宣布谈判决裂，对方便会惊慌失措。为了使自己免于破局，也会做出让步。

但犯罪心理分析师不会轻易放弃协商。因为心理分析师铭记，孙子不战而胜的教导。所谓的协商就是持有不同立场的双方，对共同的话题提出解决方案的过程，所以没必要因为对方不按照自己的意思行事而感到失望。

CHAPTER 4
第四章　掌握心理主导权

犯罪调查过程中，为了让嫌疑犯招供，精心布置谈判过程。这时，疑犯坚决否认可以被视为谈判决裂，接下来只能上法庭见了。如果嫌疑犯在法庭上也坚持否认，陪审团也会怀疑疑犯不是真犯，这样就加重了判决压力。站在法庭上，不管对检察方还是嫌疑犯，都是一场消磨战。不管是谁赢，双方都会历经损失。所以，犯罪心理分析师更不会轻易放弃协商。

但有时候出于战略上的需要，要故意拿决裂威胁对方。商务谈判中，宣布谈判决裂是一种强烈反抗的同时，也作为一种最佳替代方案，提示对方自己不会在一棵树上吊死。这时，对方就要分辨出哪一种是真的，哪一种是故弄玄虚。从对方筹划如何应对这种强硬态度的过程中，可以看出对方的破绽。因此，也许可以找到取得胜利的好机会。

面对这种强敌的时候，即便对方的态度再强硬，也要确信对方不会轻易放弃协商。同时，也要考虑好对方接受决裂的情况，准备好最佳替代方案（BATNA）。如果备好足以应对意外情况的方案，就可以自信满满地迎战。不管你在组织内拥有什么样的权利，至少在自己的个人提案中，你是最高经营人。只有通过有效的经营取得成就，才能成为精英。未来也会进一步得到保障。要明白除了自己以外无人能营造自己的未来，要通过明智的方法去克服自己现有的情况。这才是打开成功商业之门的钥匙，也是打开成功人生之门的钥匙。

> 舵手理财慧系列

传奇理财师32岁变百万富翁的秘密，
法国第一理财书，风靡20国，启蒙薪水族、蚁族
自食其力成功致富

○法国亚马逊书店理财类图书第一名，法国最著名的理财师之一。
○8个语种疯抢版权，全球发行20个国家，改变百万读者的"财富人生启蒙书"。
○"三次被退学的穷小子"32岁成为百万富翁后说出"人人都能成为有钱人"背后的秘密，这些秘密学校里绝对不会教你！
○法国版《富爸爸穷爸爸》财务自由启蒙书风靡全法。
○"现在法国人都在讨论《人人都能成为有钱人》。"——法国《理财家》

　　账单，房租，贷款，缴税，信用卡透支，父母养老退休金……所有这些压得你喘不过气的问题，都需要你致富才能解决。而本书作者塞邦，一个普通人，在本书中将告诉你他的致富之道，全球有20个国家的读者正在与你一同阅读塞邦的财富十堂课……
　　23岁创业，32岁成为百万富翁，35岁提前退休，草根出身却终成为法国最著名的理财师之一，这个让法国人深深着迷的法国传奇理财故事，激励着人们通过致富改变着自己的命运。他在这本风靡20国的畅销书中用自己的亲身经历向我们讲述了课堂上学不到的理财之道。

本系列其他图书还有
"有钱人"畅销姐妹篇 欧利维埃·塞邦　　　　　　　　《女人都能成为有钱人》
法国亚马逊、法雅客理财类冠军 马克·菲奥伦蒂诺　　　《救救你的钱包》
250万销量财商经典，《小狗钱钱》作者 博多·雪佛　《雪佛告诉你，加薪20%的秘密》

舵手经典投资系列

盛宝、福汇CEO联袂强力推荐，盛誉超越众多英文经典
三年雄踞法国亚马逊外汇图书第一名

○法国知名金融日报《LaTribune》，法国《投资》季刊，法国知名金融日报《LaTribune》，《金融生活》强力推荐

○《外汇周刊》世界最佳外汇银行排名榜首，盛宝（法国）银行总裁亲自教你操作外汇

○巴黎、伦敦金融中心外汇交易系统培训核心教程首次中文出版

近20年，世界经济高速发展，灼热的资本巨流加速在全球各地之间的循环。巨额资金往来需求，极大地促进了全球外汇市场的蓬勃发展。外汇市场所具有的"24小时交易"、"高杠杆"、"极低的交易成本"、"交易方式灵活多样"的诸多特点更是推动它成为名副其实的资本乐园，以每天超过3万亿的交易额——股票和期货总交易额的四倍，雄踞金融市场之首。

信息技术的逐渐成熟应用，使这个昔日有着巨大进入壁垒的市场，热情地对个人投资者敞开了大门。任何人如今都能随时随地进入这个充满了无数机会的资本乐园。

法国盛宝总裁的皮埃尔·安东尼·杜索里尔的这本书，提供了最清晰的全球汇市观察，最细致的汇率波动诱因分析。并通过对于开户，简单买卖指令，盘面解析，期货期权高级策略进行了全程细致入微地指导，从而使你能轻松地开始交易。

本系列其他图书还有

经济指标分析经典 乔治·达格尼诺　　　《聪明投资：如何利用经济枯荣循环获利》
巴菲特特别推荐入门经典珍妮特·洛尔　　　《格雷厄姆经典投资策略》
华人富豪投资军师，香港投资经典　　　《周显论胜》《周显捡股秘密》
RSI发明人、技术指标大师神奇之作 威尔斯·威尔德　　　《亚当理论》

舵手经典投资系列

国际知名短线交易大师带你走进日内交易的艺术殿堂
本书只讲一件事：日内进出，攫取厚利

○在国际范围广泛受到赞誉的短线交易大师杰克·伯恩斯坦与中国读者分享思考。

○1995年台湾股票指数期货市场筹备期重点投资者教育读物。受到众多机构的推崇。

○15年来，当冲高手声名远播，百闻终得一见。

在这本书中，你会发现多种多样的技术分析方法和手段，帮助你从今日的市场波动中捕获利润。本书中的技术分析，可以运用于股票市场，也可以运用于期货市场。中国是世界的产品生产中心，很多交易者是期货市场上原材料商品的买家和消费者，所以学习商品交易技巧，捕捉有利的价格时机，间不容息，裨益良多。书中所述也适用于单纯的投机，投机与投资在应用技术分析工具上并无二致。

精确的指标应该运用于优秀的思维以及严格的交易纪律之上。《短线交易大师》给予了我们启发。

——新湖期货董事长 马文胜

国外成熟市场的操作策略给了我们全新的分析视角。此书在指标的实战运用方面很有新意，值得回味。

——《期货兵法》、《期货策略》作者 方志

金融投资市场是个多元化多生态的市场。这是一本从日内交易角度阐述经验和投资智慧的著作，即便对结构性投资的长线投资者，也会在技巧上给予您启迪。

——道通期货研究所所长 范适安